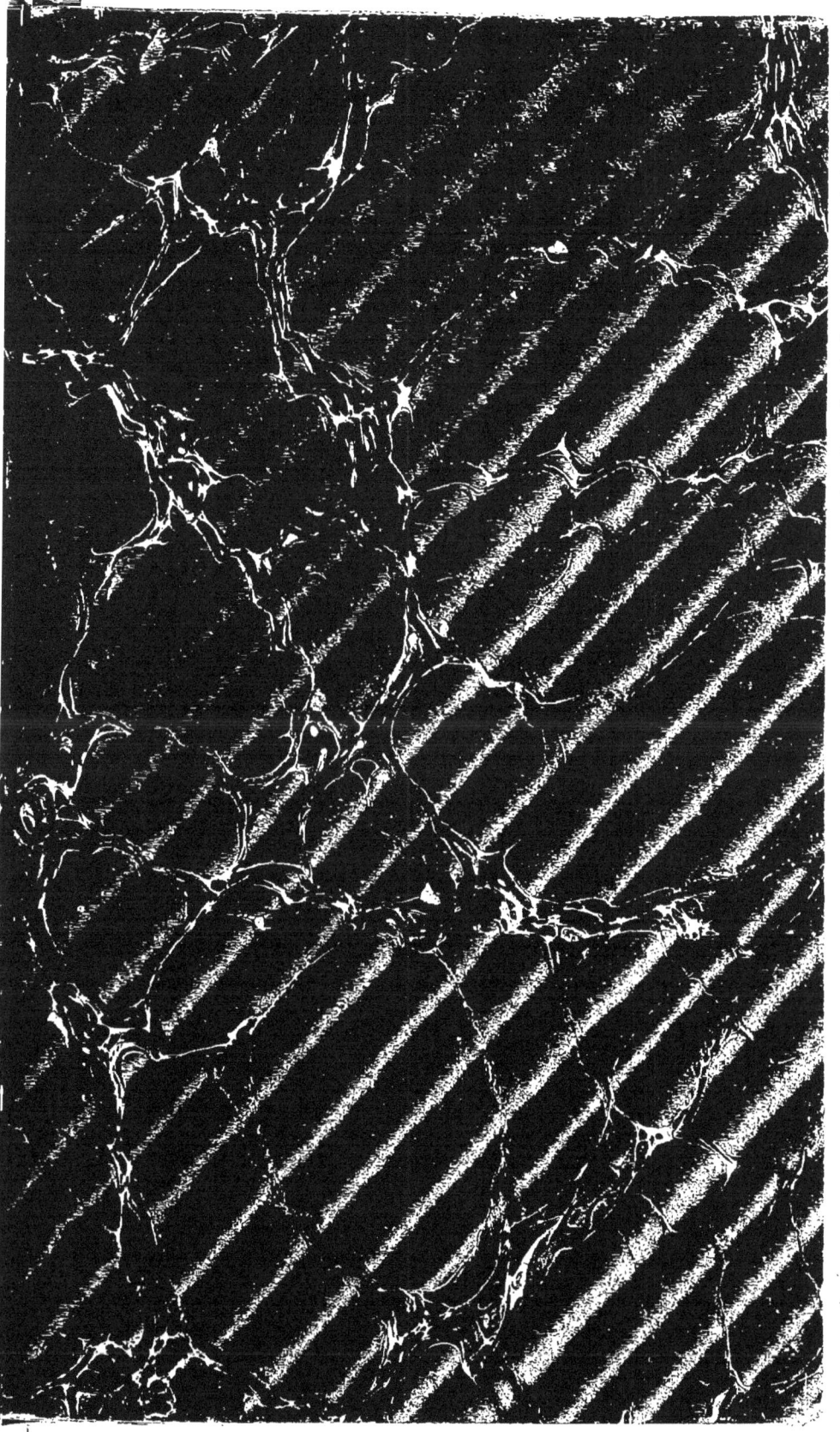

O_o^2
39

UN VOYAGE
AUTOUR DU JAPON

PARIS. — IMPRIMERIE DE CH. LAHURE
Rue de Fleurus, 9

UN VOYAGE

AUTOUR DU JAPON

PAR

RODOLPHE LINDAU

——◆◇◆——

PARIS
LIBRAIRIE DE L. HACHETTE ET Cie
BOULEVARD SAINT-GERMAIN, N° 77
—
1864

Droit de traduction réservé

INTRODUCTION.

L'intérêt que porte l'Europe à l'extrême Orient s'est accru singulièrement depuis quelques années. Il y a un quart de siècle, la Chine et le Japon nous étaient à peu près inconnus. On possédait alors sur ces vastes et riches contrées des récits de voyageurs et des lettres de missionnaires qu'on lisait dans les heures de loisir, par désœuvrement, sans y attacher une attention bien sérieuse ou même sans y donner une croyance entière. A part quelques rares savants que la passion de connaître entraînait dans les voies les plus ardues de la science, personne ne se souciait beaucoup de ce qui se passait dans ce monde lointain. C'est que, jusqu'au commencement de ce siècle, les intérêts matériels de l'extrême Orient se trouvaient complétement séparés des nôtres; aucun lien ne les unissait, aucun besoin ne les rapprochait encore. Il existait bien des relations commerciales entre la Chine et l'Angleterre, et, depuis une époque assez ancienne, entre le Japon et la Hollande ; mais elles étaient irrégulières et sans importance. Le grand, l'unique intérêt qui rattacha jusqu'à nos jours la pensée de l'Europe à la Chine et au Japon, ce fut l'étude constante, ingrate et trop souvent stérile de la religion, des mœurs et la littérature de ces empires.

La navigation à vapeur a changé complétement la situation de l'Europe vis-à-vis des sociétés de l'extrême Orient ; elle nous a en quelque sorte placés aux portes de cette grande et mystérieuse région. Les affaires qui s'y agitent n'appellent plus désormais la curiosité des savants, mais la sollicitude des hommes d'État. Il n'est plus permis aux générations nouvelles d'ignorer ce qui se passe en Chine et au Japon ; l'histoire contemporaine de ces empires commence à faire partie de notre histoire ; leurs richesses forment des éléments essentiels de notre commerce. Cette révolution dans la nature de nos relations avec l'extrême Orient n'a pas été fort sensible pour nous. Elle s'est faite peu à peu, elle a détruit quelques vieux préjugés, dévoilé quelques faits nouveaux ; mais nos mœurs, notre état social, nos constitutions politiques n'en ont subi aucune altération. Il n'en a pas été ainsi en Chine et au Japon. L'arrivée des étrangers y a excité une émotion profonde ; elle y a porté de graves atteintes à la vie civile comme à la vie intime, et le trouble général dont elle est la cause y conduira dans des temps peu éloignés à une rénovation complète. Quand deux sociétés hétérogènes viennent à se heurter, c'est la moins civilisée qui doit souffrir le plus de ce rapprochement imprévu.

Les guerres civiles et les guerres étrangères qui ont dévasté l'empire du Milieu depuis la signature du traité de Nankin ne sont que la conséquence de l'admission des étrangers en Chine; de même que les troubles qui agitent en ce moment le Japon sont une sorte de crise douloureuse où s'enfantera le progrès. La civilisation est une force irrésistible qui agit sans pitié ni merci; elle s'impose violemment, et on sait combien de pages écrites en lettres de sang et de feu il faut compter dans son histoire.

Les événements relatifs à l'histoire contemporaine de la Chine, et qui sont étroitement liés au développement de ses progrès, ont été soumis plus d'une fois à un examen sérieux; mais tout reste encore à dire sur l'effet immense qu'a produit au Japon l'intrusion de l'élément européen. Ce pays, presque aussi étendu et aussi peuplé que la France, est le dernier qui, en Orient, ait été ouvert au commerce étranger; il sort d'un isolement à peu près absolu, et présente à l'observateur un spectacle souvent incompréhensible. Aussi l'étranger qui veut faire une étude sérieuse de la situation actuelle du Japon rencontre-t-il de telles difficultés qu'au premier abord elles lui paraissent insurmontables. L'impossibilité presque absolue de se procurer les documents officiels, l'absence de toute relation intime avec la classe éclairée, le penchant inné des Orientaux à cacher aux profanes ce qui se passe chez eux, sont les principales barrières qui entravent son désir d'investigation.

Un voyage dans l'extrême Orient, entrepris en 1859, et qui m'a conduit deux fois au Japon, où j'ai séjourné pendant deux ans (en 1859, 1861 et 1862), m'a permis de recueillir, sur une société trop peu connue encore et de plus en plus mêlée à nos intérêts, d'assez nombreux documents. Ce sont ces documents qui, joints à mes souvenirs personnels, ont servi de base aux récits publiés une première fois dans la *Revue des Deux Mondes*, et que je réunis aujourd'hui dans un volume pour lequel je réclame la bienveillance de mes lecteurs.

Paris, en janvier 1864.

UN VOYAGE
AUTOUR DU JAPON.

CHAPITRE I.

NAGASACKI.

Départ de Shang-haï. — L'île de Quelpart. — Arrivée à Nagasacki. — Premières impressions. — Le port de Nagasacki. — Le paysage. — Inassa. — Akonoura. — Quelques notices sur le caractère japonais.

L'été de 1861 avait cruellement éprouvé les Européens qui résidaient en Chine. D'étouffantes et malsaines chaleurs s'étaient succédé pendant de longues semaines; elles avaient donné à quelques-uns la fièvre, à quelques autres le choléra, et avaient fatigué tout le monde. En traversant le *Bund*, la promenade de Shang-haï où les étrangers se rassemblent vers le déclin du jour, on ne rencontrait que des figures pâles et abattues. Shang-haï est une ville singulièrement laide ; tous ceux qui l'ont vue en conviennent. Située sur les bords du Whampoa, un de ces grands fleuves chinois qui roulent de lourdes eaux jaunâtres à travers d'immenses plaines d'une fertilité merveilleuse, mais d'une monotonie désespérante, elle n'a rien qui attire ou qui retienne le voyageur. Aussi quitte-t-on Shang-haï dès qu'on ne se sent plus forcé d'y vivre, et moi-même, une fois délivré des affaires qui m'y avaient appelé, j'eus hâte de me remettre en route. Aucun des amis dont l'hospitalité ingénieuse avait su me rendre le séjour parmi eux aussi agréable qu'il pouvait l'être n'essaya de me retenir. « Vous êtes heureux de quitter ce pays, disaient-ils ; que ne pouvons-nous en faire autant ! Bon voyage, et n'oubliez pas vos amis de Chine. » Je ne les ai pas oubliés et je ne les oublierai pas ; car nulle part je n'ai trouvé autant de bienveillance, autant de sûreté et de franchise dans les relations que dans ce petit coin de terre nommé le *Shang-haï settlement*.

J'avais fait mes visites d'adieu, et je surveillais dans ma chambre le *boy* (domestique chinois) occupé à faire mes malles, lorsque je vis entrer M. W..., mon ancien compagnon de voyage dans le midi de la Chine et en Cochinchine. Il venait d'accomplir une longue excursion, durant laquelle il avait visité les principales villes de commerce baignées par le Yang-tsé-kiang, et je n'avais pas encore eu l'occasion de l'informer de mon projet de retour en Europe. Aussitôt que je lui en eus dit quelques mots, il repoussa l'idée de ce départ précipité. Il m'apprit qu'il venait d'envoyer de Hong-kong un bateau à vapeur à Nagasacki, et qu'avant de le vendre au gouvernement japonais il avait l'intention de s'en servir pour faire un voyage autour du Japon. Il m'engagea fort à l'accompagner, promettant de me débarquer à Nikolajefsk, si j'avais dessein de revenir en Europe par la Sibérie, ou de me laisser à Yokohama, où je devais trouver un bon navire en partance pour San-Francisco. Ces deux routes étaient nouvelles pour moi, car j'étais venu de France en Chine par la malle anglaise, *voie d'Égypte*. Outre l'attrait de la nouveauté, elles m'offraient l'occasion de revoir quelques amis qui habitaient le Japon, où j'avais déjà séjourné pendant quelque temps. L'essentiel était d'abandonner Shanghaï. J'acceptai donc sans trop hésiter l'offre de M. W.... Il fut convenu que nous nous retrouverions dans les premiers jours de septembre à Nagasacki, et que là nous monterions à bord du *Saint-Louis*, le bâtiment de M. W..., pour faire un voyage d'exploration et d'agrément autour du mystérieux empire gouverné par le *mikado* et le *taïkoun*[1].

---

1. On sait que le *mikado* est le chef légitime du Japon,

J'avais quitté Shang-haï le 23 août 1861, et le 2 septembre, après dix jours d'une navigation pénible, j'arrivais à Nagasacki. Le seul incident notable de la traversée fut une courte visite à l'île de Quelpart, dont peu de voyageurs ont parlé. Cette île, située entre 33 et 34 degrés de latitude nord et 126 et 127 degrés de longitude est, s'étend dans la direction du nord-est au sud-ouest sur une longueur de quarante milles ; sa plus grande largeur est d'à peu près dix-sept milles. Elle est bien cultivée et produit du riz, du blé, des pommes de terre douces, du maïs et quelques légumes. Elle est habitée par une population mixte de Coréens, de Chinois et de Japonais, sales, ignorants et pauvres. Au milieu de l'île s'élève le mont Auckland, dont la hauteur est de six à sept mille pieds au-dessus du niveau de la mer. Un jour peut-être ce petit territoire pourra mériter l'attention des navigateurs comme point de relâche, sinon comme champ d'exploitation.

Nous nous trouvions à une vingtaine de milles de la côte du Japon lorsque le vent, qui depuis deux ou trois jours soufflait avec violence, tomba tout à coup, et le navire demeura immobile. L'accalmie se prolongea toute la nuit et pendant la plus grande

---

et que le *taïkoun*, son serviteur, est chargé du pouvoir exécutif. Voir pour plus de détails à ce sujet les chapitres vi, vii et viii.

partie du jour suivant. Perdant patience, je résolus alors d'aviser au moyen de gagner au plus vite la terre ferme. Le navire était entouré de bateaux de pêche ; plusieurs même s'étaient rapprochés pour nous vendre du poisson. Grâce à quelques mots japonais que j'avais appris pendant mon premier séjour à Nagasacki, je fus bien vite d'accord avec le patron d'une de ces barques. Il offrit de me conduire à Nagasacki en quatre heures, pour la modique somme d'un *itzibou* (2 fr. 50 cent.). J'acceptai volontiers ces conditions, et muni de quelques cigares, d'un livre et de mon revolver, je quittai *le Tilton*, le navire qui m'avait conduit jusque-là, en donnant rendez-vous au capitaine à Nagasacki, où je comptais arriver avant le coucher du soleil et où je devais annoncer son arrivée pour le lendemain.

Le bateau sur lequel je venais de m'embarquer était monté par six pêcheurs. C'étaient des hommes de taille moyenne, à la peau rougeâtre, aux membres souples, musculeux, bien proportionnés. A l'exception de l'étroite écharpe qui ceignait leurs reins, ils étaient complétement nus. Je pris possession de l'arrière du bateau, où l'on avait dressé une tente ; je m'allongeai assez commodément sur une natte très-propre et nous partîmes. Les matelots japonais, sans être en général aussi robustes que les matelots européens, supportent la fatigue pendant un temps considérable. Debout, pesant de tout le corps sur leurs longues et lourdes rames, dont le maniement exige des membres vigoureux et exercés, ils travaillent sous un ardent soleil, durant des heures entières, sans relâche et en apparence sans lassitude. Souvent ils accompagnent leur travail d'un chant monotone, au rhythme bien cadencé; plus souvent encore, semblables aux portefaix chinois, ils poussent, à de courts intervalles, des cris aigus qu'ils soutiennent pendant quelques secondes, et qui ont pour principal effet de dégager les poumons.

Mes pêcheurs ramaient bravement, et toutefois nous n'avancions guère. La marée contrariait nos efforts et, vers le coucher du soleil, trois heures après mon départ, je me trouvais encore bien loin de la terre. Je me repentis presque de m'être remis entre les mains d'hommes que je ne connaissais point; mais les regrets étaient chose superflue à ce moment, et il ne restait qu'à rendre la situation aussi agréable que possible. Je plaçai donc un rouleau de nattes sous ma tête, et, bercé par la mer, je m'endormis au chant des matelots. Lorsque je me réveillai, il était nuit. A l'avant du bateau, on avait allumé une grande lanterne en papier. A la douteuse lueur qu'elle répandait, j'aperçus les six hommes d'équipage poussant leurs avirons avec la même activité qu'au départ. Autour de moi, je distinguai des centaines de lanternes servant à éclairer la marche d'embarcations semblables à la mienne. La plupart étaient occupées à la pêche aux flambeaux, fort commune dans ces parages, et, sur une vaste étendue, la mer était illuminée comme pour une fête. En se croisant, les matelots échangeaient entre eux certains propos à haute voix. Au mot *todjin* (étranger), qui résonna plusieurs fois à mes oreilles, je compris qu'il était question de moi et du but de mon voyage. Quand on est seul, à trois mille lieues de la patrie, on est souvent porté à voir des dangers où en vérité il n'en existe point. J'étais sur mes gardes ; mais, remarquant qu'aucune parole irritée ne se mêlait au colloque des marins, je me rassurai vite sur leurs intentions.

Il n'est pas inutile de faire remarquer, au début de ces récits, que le japonais, dont l'étude approfondie est, pour le savant, hérissée de difficultés, présente au voyageur un ensemble de locutions faciles qui lui permet, en assez peu de temps, de s'entretenir des choses usuelles. Le son de la langue japonaise rappelle celui de la langue italienne[1]. Les voyelles y abondent et soutiennent, dans un concours harmonieux, un accent toujours

---

1. Voici quelques mots japonais à l'appui de cette assertion : *omedétto*, je félicite ; *allingáto*, je remercie ; *tadaïma*, bientôt ; *mádé*, pas encore ; *seianára*, au revoir ; *konitchi*, aujourd'hui ; *mionitchi*, demain ; *watáksi*, moi ; *ánata*, vous ; *ómoï*, toi. etc.

placé avec précision. La prononciation est coulante, et on peut, avec une mémoire fort ordinaire, apprendre en quelques semaines un nombre de mots suffisant pour se mettre en rapport avec les indigènes sans le secours d'un interprète. Tous les étrangers qui résident depuis quelque temps au Japon se servent de la langue du pays et quelques-uns la parlent même couramment. Quant à la langue des lettrés et des relations politiques, il faut, avant d'arriver à l'écrire, et à la manier correctement, se livrer à d'arides études philologiques que jusqu'à présent, dans le pays même, les missionnaires seuls ont eu le courage d'entreprendre.

Vers dix heures du soir, notre barque s'engagea dans l'étroit canal qui sépare les îlots d'Ivosima, situés à l'entrée de la baie de Nagasacki. Bientôt elle côtoya l'île de Papenberg, rendue fameuse par un massacre de chrétiens qui s'y fit vers la fin du seizième siècle, et à onze heures enfin je touchai le sol japonais. J'avais mis pied à terre sur le quai d'Oora, le quartier étranger de Nagasacki. Bien que la nuit fût déjà avancée, j'eus la bonne fortune de trouver encore réunis les amis qui m'avaient si cordialement accueilli lors de ma première visite. Ils étaient assis sous la *verandah* (galerie ouverte), fumant et causant comme autrefois. « Nous comptions sur vous, me dit mon aimable hôte. Qui a vu le Japon une fois aspire à y revenir ; mais nous ne vous attendions pas si tôt. » J'expliquai ce qui s'était passé. On m'approuva fort. « C'est une économie de temps et d'argent que vous avez faite, me dit-on, car de France en Chine vous seriez toujours retourné au Japon. Seulement le voyage d'Europe au Japon coûte trois mois de temps et un millier de dollars, et le trajet de Shang-haï à Nagasacki n'est qu'une partie de plaisir. Votre choix a été heureux et sage. »

On me conduisit dans mon ancienne chambre, où je remarquai avec satisfaction un de ces énormes lits de Ning-po[1] couverts de fines nattes et entourés d'une moustiquaire en gaze de soie. On dort d'un calme sommeil sur ces grands lits durs et frais, à l'abri des innombrables moustiques qui font entendre leur petite et curieuse musique en volant autour du rideau, opposé comme un insurmontable obstacle, à l'implacable soif de ces buveurs de sang. Le même domestique japonais qui m'avait déjà servi lorsque j'avais résidé une première fois à Oora entra dans ma chambre; il me reconnut aussitôt et se livra à de vives démonstrations de joie. *Sindaté okin ollingato* furent ses premières paroles; elles signifient : « Pour les anciens bienfaits, merci, » et peignent bien le caractère aimable du peuple que j'allais revoir. Ce salut de bienvenue est

---

1. Ville chinoise renommée pour la fabrication des meubles.

d'un usage général au Japon, et on l'emploie lorsqu'on se revoit pour la première fois après une courte ou une longue absence. Je l'ai toujours entendu avec plaisir. Il est beau que la première pensée d'un homme, au retour d'un ami ou d'un bienfaiteur, éveille le souvenir des services reçus, et il est doux que sa première parole soit un témoignage de reconnaissance. Il semble qu'à ces accents doivent se dissiper les nuages qui ont pu troubler la sérénité des relations passées pour ne laisser subsister que ce qu'elles ont eu d'agréable. L'ingratitude, qu'on reproche aux Chinois, n'est certainement pas le vice des Japonais. Ils gardent un long souvenir du bien qu'on leur a fait, de même qu'ils ne pardonnent pas le mal qu'on leur a causé. Reconnaissance et ressentiment sont des manifestations en sens contraire d'une seule et même qualité de l'âme. Qui porte cette qualité en soi est capable de dévouement et de haine : elle existe chez les Japonais, et il n'est pas besoin de rapporter à un autre mobile leur patriotisme fanatique et leur farouche passion de vengeance.

Si on voulait recevoir l'impression vive de ce que le Japon offre de curieux et d'étrange, il faudrait y arriver directement d'Europe. On aurait alors sous les yeux un spectacle d'un effet saisissant : tout ce qu'on verrait, tout ce qu'on entendrait serait pendant les premiers jour chose extraordinaire et digne d'observation ; mais la plupart des étrangers qui débarquent à Nagasacki sont des voyageurs émérites, qui depuis des années, ou au moins depuis leur départ d'Europe, ont pris une telle habitude de voir changer sans cesse devant eux les hommes et les choses, qu'ils sont devenus presque insensibles à l'attrait de la nouveauté et enclins à confondre ce qui est original et caractéristique avec ce qui est commun et banal. L'homme s'accommode rapidement aux circonstances les plus diverses, et c'est avec une aisance vraiment merveilleuse qu'il se façonne au milieu où il est forcé de vivre : le désert ou l'océan, la montagne ou la plaine, la diversité ou l'uniformité, tout lui devient bientôt familier. L'étranger qui débarque au Japon se trouve le plus souvent dans la disposition d'esprit d'un homme qui, assis devant une lanterne magique, aurait vu, pendant une longue soirée, passer devant ses yeux mille formes bizarres : s'il ne se lasse pas à la fin de cette continuelle métamorphose, s'il ne déserte pas le spectacle, il est au moins accoutumé aux surprises, sa curiosité s'émousse, et les figures les plus singulières n'ont plus le pouvoir d'exciter en lui une vive émotion.

Cependant je n'ai pas connu d'Européen qui ait débarqué à Nagasacki sans avoir été frappé de l'admirable situation de la ville et de la beauté ravissante du panorama. Le port est étroit : il mesure trois milles de long et à peine un mille de large. Il est dominé par de hautes collines couvertes d'une végétation luxuriante, de champs bien cultivés, de villages et de bourgades, de temples et de maisons isolées, dont les blanches murailles et les grands toits aux tuiles luisantes jettent, sous les feux du soleil, un éclat singulier à travers l'épais feuillage des arbres séculaires. Si le paysage n'y offre pas l'aspect grandiose ou magnifique de certains sites célèbres, en revanche on n'y sent aucun défaut, et tout semble à l'envi concourir à charmer les yeux. Loin d'être effrayé ou abattu par la grandeur du spectacle qui se déploie devant lui, l'homme éprouve une sorte de bien-être et d'épanouissement ; il s'avance plus fort, plus heureux au-devant de cette nature tout aimable, toute charmante, et, faisant taire en lui l'esprit de critique, il ne demande qu'à jouir en paix des beautés et des splendeurs dont elle est si prodigue.

L'amour de l'isolement, l'attachement aux choses présentes, d'où naît une certaine étroitesse de vues, la défiance des nouveautés et l'horreur des révolutions, ces différentes faces du caractère japonais s'expliquent d'elles-mêmes pour qui a pu voir la région où il s'est développé. Heureux dans la possession indiscutée des richesses qu'ils ont reçues de la nature, les Japonais n'ont eu besoin d'aucun effort pour mettre leurs goûts et leurs penchants dans un parfait accord avec ce que le pays et l'état de leur civilisation leur offraient. L'Occident et ses merveilles, le génie européen et ses hardis pionniers leur inspiraient une admiration mêlée de crainte. Ayant gardé le souvenir des troubles dont les premiers chrétiens venus au Japon avaient été la cause, ils estimèrent, non sans quelque raison, que ce qu'ils avaient à gagner au commerce des étrangers ne valait pas ce qu'ils risquaient d'y perdre, et leurs gouvernants, hommes sages, intelligents, souvent même fort instruits, ne se montrèrent que les fidèles interprètes de l'esprit national en répondant d'abord avec froideur aux avances que les représentants des nations occidentales s'empressèrent de leur faire. Cette réserve n'a pas suffi à garantir le Japon contre l'invasion étrangère. Dès que les Américains et les Anglais avaient résolu de devenir les amis des Japonais, il était impossible à ceux-ci d'échapper à l'étreinte de cette amitié redoutable. On voit maintenant ces nouveaux hôtes solidement établis sur tous les points du Japon ouverts au commerce étranger, et rien désormais ne pourra les chasser de la terre féconde dont ils ont, au nom de la civilisation et de leurs intérêts, entrepris l'industrieuse exploitation.

Autour de la baie de Nagasacki règne une grande animation. A l'entrée, masquée par la petite île de

Papenberg, il y a deux villages dont les habitants se livrent à la pêche et à l'agriculture. En pénétrant dans le port, on aperçoit à droite des maisons de campagne et des chaumières éparpillées sur la croupe des collines. Puis s'étend en amphithéâtre la ville même, qui est vaste et agréable ; on la divise en trois parties : Nagasacki proprement dit, Decima, l'ancien établissement hollandais, et Oora, le quartier des étrangers. Nagasacki est située dans une belle vallée de forme irrégulière et s'appuie à une chaîne de collines dont la hauteur varie de cinq cents à mille pieds. Ces collines enferment le paysage dans un horizon des plus pittoresques. De puissantes forêts les couronnent au sommet, et leurs flancs se couvrent à perte de vue de champs cultivés et de prairies qui servent de cadre aux paisibles demeures des familles de laboureurs ; plus bas, dans le voisinage immédiat de la ville, qui occupe la base des collines jusqu'à une hauteur de deux cents pieds, on aperçoit des temples entourés de vastes jardins où se promènent les vivants et où reposent les morts. D'ordinaire de magnifiques escaliers de pierre donnent accès à ces temples. Les cimetières sont religieusement entretenus. Sur les tombeaux de ceux qui sont morts dans l'année, on répand des fleurs fraîches ; on y dépose aussi de petites coupes contenant de l'eau, du sel et du riz ; dans certaines occasions, on les illumine avec des lanternes blanches en signe de deuil et on y brûle de l'encens.

Au nord de Nagasacki s'ouvre une large vallée arrosée par un ruisseau qui se déverse dans la baie et habitée par une tranquille et nombreuse population d'agriculteurs. Bien souvent je me suis livré seul à de longues excursions à travers cette partie de la campagne, et jamais je n'oublierai le bienveillant accueil des paysans aussitôt que l'envie me prenait de les aborder. Si je m'arrêtais au seuil d'une ferme pour demander du feu, à l'instant filles et garçons s'empressaient de m'apporter le *brasero*. A peine étais-je entré, que le père m'invitait à m'asseoir, et que la mère, en me saluant d'un air modeste, me servait du thé. La famille entière se réunissait autour de moi, et m'examinait avec une curiosité enfantine dont je n'avais garde de m'offusquer. Les plus hardis touchaient à l'étoffe de mes habits, une petite fille se hasardait à me prendre les cheveux, et s'enfuyait rieuse et confuse à la fois. Avec quelques boutons de métal, je rendais les enfants parfaitement heureux. « Grand merci, » répétaient-ils tous ensemble, et, se mettant à genoux, ils inclinaient leurs jolies têtes et me souriaient avec une grâce que j'étais tout surpris de rencontrer dans cette classe infime de la société. Lorsque je m'éloignais, on m'accompagnait jusqu'au bord de la route, et j'étais presque hors de vue que j'entendais encore le bruit de ces voix amies qui me criaient : « *Seianara maté mionitchi* (au revoir jusqu'à demain)! » Je parle de l'année 1859 et de l'année 1861 ; je n'ose affirmer que le même accueil empressé soit encore réservé aux étrangers qui se promènent dans les campagnes japonaises. Depuis ce temps, nos relations avec les indigènes ont passé par de pénibles épreuves, et aujourd'hui nous nous tenons vis-à-vis d'eux dans une attitude menaçante, sinon ouvertement hostile. Le peuple japonais a été peu à peu amené par ses chefs à voir dans les étrangers des hommes dangereux, et s'il les accueille encore avec politesse, on s'aperçoit qu'il cède le plus souvent à un sentiment de crainte.

A l'ouest de la baie, en face de Nagasacki, se trouve l'établissement russe, situé près du village indigène d'Inassa. Les Russes ont pris au Japon l'habitude de s'isoler des autres étrangers. Tandis que les commerçants et fonctionnaires français, anglais, américains et hollandais, demeurent sans exception sur la plage orientale de la baie, aux portes de Nagasacki et au centre des affaires, les Russes se sont retirés à Inassa, petit village peuplé de moines, de pêcheurs et d'agriculteurs. Il est évident que les intérêts qu'ils poursuivent dans l'extrême Orient sont tout autres que les intérêts anglais et français. Ce n'est point le commerce qui les occupe ; ils n'ont pas de représentant à Yokohama, où l'on traite le plus d'affaires, et pas un négociant russe n'est jusqu'à présent venu s'établir au Japon. Seulement à Hakodadé, ville fort industrieuse, mais sans débouchés étrangers, et que, pour cette raison, Anglais et Américains ont négligée; à Hakodadé, qui fait face aux ports de la Mandchourie, stationne constamment une petite flottille de vapeurs russes. On est fort étonné d'y trouver la même nation représentée par un consul général, un médecin et un prêtre installés à demeure; on y a fondé un hôpital, construit un chantier et pris un ensemble de mesures d'où ressort l'intention évidente de créer là un établissement durable. Le gouvernement russe a la passion de certains riches propriétaires : il ne néglige rien pour arrondir ses domaines. L'île de Yezo, dont Hakodadé est le chef-lieu, compléterait fort bien ses dernières acquisitions dans l'extrême Orient, et il n'y a pas à douter que, dans un avenir prochain, il ne saisisse le premier prétexte de s'en rendre maître.

Akonoura, autre dépendance de Nagasacki, voisine d'Inassa, est aujourd'hui en pleine voie de prospérité. Ce petit village appartenait jadis à un prince japonais qui y faisait fabriquer tant bien que mal le matériel en fer nécessaire à la construction des navires; mais, depuis plusieurs années déjà, le gouvernement du taïkoun a acquis la propriété de ce territoire; puis, avec le secours des ingénieurs et des mécaniciens qu'il a fait venir de Hollande, il a fondé à Akonoura une sorte d'école pratique de construction navale. D'excellents élèves y ont été formés dans le cours de quelques années, et maintenant les Japonais sont en état de construire des bateaux à vapeur qui ne peuvent, à la vérité, être comparés aux chefs-d'œuvre des constructions navales d'Europe et d'Amérique, mais qui démontrent cependant chez eux une grande aptitude à s'assimiler ce qu'ils veulent imiter des étrangers. C'est là un trait caractéristique et qui établit entre les Japonais et les Chinois une ligne de démarcation profonde. De loin, Akonoura, avec ses grands bâtiments surmontés de hautes cheminées en brique rouge, ressemble parfaitement à quelqu'une de nos grandes usines industrielles, et, sauf la physionomie et le langage de ses ouvriers, on pourrait s'y croire transporté, d'un coup de baguette magique, sous le ciel du Lancashire. Les Japonais ont fait de louables efforts pour se rapprocher de l'Europe, ce foyer de science et de lumières, et leurs progrès, depuis l'époque récente où ils ont ouvert des relations avec l'Occident, ont excité à juste titre notre étonnement et nos éloges. Durant une longue suite de siècles, ils avaient vécu dans un isolement presque absolu, inconnus et indifférents au reste du monde, s'obstinant à ne rien voir ni apprendre de ce qui se passait au delà des limites de leur empire insulaire.

Ils s'enfermaient chez eux dans un dédain superbe, et le vers célèbre :

. . . . Penitus toto divisos orbe Britannos

s'appliquait à eux avec plus de justesse qu'aux farouches ancêtres de la nation anglaise. Aussi rien n'était en progrès : sciences, arts, industrie, politique, philosophie, tout demeurait stationnaire, tout paraissait frappé à jamais d'une stérilité fatale. Il a suffi pourtant d'un événement fort simple et inévitable, l'ouverture de ses ports, pour arracher le Japon à l'apparente immobilité où se consumaient ses forces. La présence des étrangers a stimulé son énergie; et, en cherchant à les imiter, il s'est soumis à la loi du progrès, dont il avait si longtemps bravé l'influence.

Race intelligente, vivace et fière, patiente surtout, les Japonais, ne se contentant pas d'admirer chez les autres ce qui leur manquait, se sont mis à l'œuvre : en l'espace de quatre années, ils ont formé une flottille de bâtiments de guerre, ils ont réorganisé leurs nombreuses troupes, qui vont être armées et disciplinées à l'européenne; ils ont établi à Yédo un collége destiné à l'enseignement des langues et des sciences de l'Occident; ils ont demandé aux Pays-Bas des médecins qui leur apprennent, dans des cours réguliers et assidûment suivis, l'art moderne de guérir. La science de la navigation, plus importante encore pour des insulaires, ils l'ont aussi apprise des Hollandais [1], et avec tant de profit que, sans aucune aide étrangère, ils ont été capables de conduire des bateaux à vapeur sur les côtes de l'Amérique. De si rapides progrès attestent chez le peuple japonais une énergie peu commune; les reconnaître est un acte de justice, et l'on aurait tort de croire à un sentiment d'insurmontable antipathie qui l'éloignerait des Européens. Tout d'abord il a admiré leur force, leur audace, leur intelligence; il a confessé volontiers leur supériorité, il a jusqu'à un certain point recherché leur alliance, et il ne demanderait peut-être pas mieux que de les aimer, s'ils daignaient lui rendre cette tâche un peu plus facile.

1. Le baron Huysen van Kattendycke, aujourd'hui ministre de la marine à la Haye, a été pendant plusieurs années leur professeur. J'aime à citer encore les noms de M. de Siebold, du docteur Pompé et de M. l'abbé Mermet comme ceux d'hommes qui, par leur enseignement, ont rendu de grands et durables services à la nation japonaise.

CHAPITRE II.

NAGASACKI.

La ville japonaise. — Les quartiers francs : Decima et Oora. — Hospitalité des résidants étrangers au Japon. — Absence de pudeur chez les Japonais. — Intérieur des maisons japonaises. — Le sentiment religieux chez les Japonais. — Le *bouddhisme* et le *sintisme*. — Le christianisme au Japon.

La ville de Nagasacki est située entre 129° 56' longitude est et 32° 44' latitude nord. Le climat y est sain et tempéré. Le thermomètre y descend rarement jusqu'à zéro, et les plus fortes chaleurs de l'été n'y dépassent pas 35° centigrades. La température moyenne de l'année à Nagasacki est à peu près la même que celle de Florence ou de Rome : on y trouve le printemps et l'été du midi de la France, et un hiver dont la douceur égale presque celui de Naples. Dans les mois de juin et de juillet, Nagasacki est inondée par des pluies torrentielles; en général il y pleut beaucoup, et le petit observatoire météorologique qui, d'après le conseil de M. de Siebold, a été depuis 1844 érigé à Decima, constate que la moyenne des journées pluvieuses a été de cent huit par an. Nagasacki contient dix mille maisons et environ soixante-quinze mille habitants Quant aux étrangers, dont le nombre ne dépasse pas cent ou cent vingt, ils demeurent hors de la ville, dans des quartiers dont j'ai parlé déjà, situés au sud et à l'ouest, et qu'on nomme Decima et Oora.

Decima, l'ancienne factorerie hollandaise, forme un îlot séparé de la ville par un canal que l'on traverse sur un pont de bois. Jadis on fermait tous les soirs une porte qui donne accès à ce pont, et les Hollandais, n'avaient plus, jusqu'au jour, la faculté de franchir les étroites limites de leur résidence. Maintenant il y règne sous ce rapport une liberté entière. Le temps passé compte néanmoins encore des panégyristes complaisants, et pour l'apprécier comme il convient, il faut en réveiller le souvenir chez les vieux résidents hollandais. On s'est fait en Europe l'idée la plus fausse de leur genre de vie et des conditions de leur présence au Japon. A ce sujet, j'en appellerai au témoignage de M. Donker-Curtius, commissaire royal de la Hollande, autrefois chef de la factorerie de Decima, et qui a laissé en

Orient le meilleur souvenir : comme tant d'autres, il n'avait jamais vu, si ce n'est dans les livres, les Hollandais se soumettre à des traitements indignes, marcher sur la croix, et n'approcher les hauts fonctionnaires japonais qu'avec des démonstrations du plus servile respect. Au contraire, il avait vécu heureux et estimé au Japon, personne n'avait pris ombrage de ses croyances religieuses, il avait traité avec le gouverneur de Nagasacki sur un pied d'égalité, et la seule entrave mise à sa liberté avait été la défense, justifiée du reste, de se promener sans une escorte japonaise hors des limites de la factorerie.

Le vieux Decima, le Decima pittoresque de Kæmpfer, de Thunberg et de Siebold, a été détruit par un incendie. Le nouveau Decima a perdu tout caractère; il ressemble à une petite ville de la Frise, et ne contient qu'une demi-douzaine de rues propres et bien alignées. Les maisons, blanchies à la chaux, ont un faux air de casernes. Rien dans la construction ou dans l'aménagement n'y est emprunté au Japon, et les architectes qui les ont bâties semblent n'avoir eu d'autre ambition que celle de rendre à leurs habitants une grossière image de la patrie absente. La factorerie hollandaise sert de résidence à une trentaine de commerçants et à quelques fonctionnaires. Cette petite communauté forme, même au sein de la colonie européenne, une sorte de société particulière. Ceux qui la composent ont leurs intérêts à part; ils vivent, se divertissent, font des affaires et se querellent entre eux. Rarement on les rencontre à Oora, l'autre quartier franc, et ils regardent avec froideur les Anglais et Américains, débarqués d'hier sur une terre où ils ont pris pied depuis deux cents ans. Ceux-là les abandonnent volontiers à eux-mêmes et ne cherchent point à troubler leur isolement; ils les traitent même avec un certain dédain que rien ne justifie à mes yeux. « Les Anglais, disent-ils, n'auraient jamais accepté une position semblable à celle que les Hollandais ont subie au Japon pendant deux siècles. » Ils parlent d'ailleurs avec orgueil de l'extension que le commerce avec les Japonais a prise depuis qu'ils s'en sont emparés, et ils répètent à l'envi que la race anglo-saxonne est la seule qui sache pratiquer l'art de la colonisation.

Le nouveau quartier étranger, Oora, présente un aspect moins effacé et plus animé; c'est là que résident tous les nouveaux venus que l'ouverture des ports du Japon a appelés des différentes contrées de l'Europe ou de l'Amérique. Il a été bâti au sud de la ville japonaise, dans une situation heureuse. Au lieu d'être entièrement isolé, comme Decima, il est adossé à de riantes collines couvertes de maisons de plaisance, au-dessus desquelles flottent, depuis le lever jusqu'au coucher du soleil, les pavillons des consulats de France, des États-Unis, de la Grande-Bretagne et de Portugal. La plupart des habitations d'Oora sont spacieuses, bien aérées et entourées au premier étage d'une galerie ouverte (*verandah*), que l'on retrouve dans presque toutes les demeures étrangères à l'est du Cap. C'est l'endroit le plus agréable de la maison, et chaque famille s'y réunit le soir pour recevoir les amis et pour s'entretenir de l'Europe, le seul sujet de conversation qui ne tarisse jamais. Mille exemples m'aideraient à montrer combien ce souvenir de l'Europe est resté profond parmi les étrangers forcés de vivre dans l'extrême Orient. Je n'en choisis qu'un seul. Après le diner, lorsqu'on a renvoyé les domestiques, le maître de la maison réclame un instant de silence, lève son verre et dit: « *Absent friends!* (Aux amis absents !) — *God bless them!* (Que Dieu les bénisse !) » répond l'assistance. On boit, et la conversation reprend son cours. Ce *toast*, porté respectueusement, sans démonstration de joie ou de tristesse, a quelque chose de singulièrement touchant : c'est l'expression du regret sincère et toujours présent de la lointaine patrie. Les « amis absents, » ils ne savent pas et ils ne peuvent savoir à quel point ils sont aimés de leurs amis, habitants des colonies lointaines. Ces hommes au front soucieux, qui semblent n'avoir qu'une pensée, celle d'amasser de l'argent, et qui, dans cette poursuite de la richesse, se condamnent sans se plaindre à une vie d'ennuis et de fatigues, ces hommes-là accumulent au fond de leurs cœurs des trésors d'affection pour ceux qui leur ont été chers et qui sont loin d'eux. Aussi quelle fête ils font à quiconque leur est adressé d'Europe et leur apporte, avec quelques lignes tracées par une main amie, un souvenir de la patrie regrettée ! J'ai souvent admiré la complaisance avec laquelle des hommes fort occupés et blasés sur les étrangetés du Japon et de la Chine se faisaient les cicérones de voyageurs n'ayant d'autre titre à leur bienveillance qu'une lettre de recommandation venant d'un ami commun. Un tel gage est tout aussi sacré qu'une lettre de change, et un chef de maison, après s'être assuré que tout est en règle, ne songe pas plus à laisser protester l'un que l'autre.

Mes amis de Nagasacki se mirent entièrement à ma disposition. Grâce à eux, grâce aussi à de longues promenades que je faisais seul, dans une complète sécurité, à travers la ville et la campagne, j'acquis, en trois mois, une connaissance assez grande de la langue et des coutumes des habitants.

La ville japonaise de Nagasacki occupe une étendue de terrain considérable ; elle possède beaucoup de grandes rues droites, bien percées et très-propres. Les maisons sont petites et basses, blanchies à la chaux et couvertes de lourds toits en tuiles noires et blanches. Du reste, la construction en est des plus simples et des plus légères : la plupart n'ont de murailles en pisé que sur les côtés ; la façade et le derrière se composent de châssis en bois mince tendus de papier. Le papier japonais est cotonneux et fort ; cependant il ne résiste pas longtemps aux influences d'un climat humide, et doit être renouvelé une ou deux fois par an. Cette singularité contribue beaucoup à donner aux habitations cet aspect réjouissant de propreté et de bonne tenue qui les distingue des maisons chinoises [1]. Le rez-de-chaussée est ordinairement ouvert jusqu'au moment où les habitants vont se coucher et où on le ferme avec de fortes et larges planches en bois dur. En été, on peut voir d'un coup d'œil tout ce qui se passe à l'intérieur, et même en hiver il n'est pas difficile, avec un peu de curiosité, de se rendre exactement compte du genre de vie des habitants. Le Japonais vit au grand jour ; il a réalisé

---

[1]. Ce qui explique aussi pourquoi la plupart des villes japonaises ont cet air de propreté que tous les voyageurs ont constaté, c'est la fréquence des incendies. Les maisons sont construites de matériaux tellement combustibles, qu'il suffit d'un léger accident pour réduire tout un quartier en cendres. Pendant un assez long séjour que je fis à Yédo, il se passait à peine une nuit sans que j'entendisse sonner le tocsin. Je ne crois pas exagérer en affirmant que l'âge moyen des maisons japonaises ne dépasse pas quinze ans. Des maisons plus vieilles ne se rencontrent guère qu'à la campagne. Dans les grandes villes, on traverse constamment des quartiers nouvellement rebâtis.

le rêve de ce Romain qui aurait voulu vivre dans une maison de verre ; beaucoup de voyageurs prétendent même qu'en cela il a poussé trop loin la licence. Ne s'est-on pas, il me semble, un peu pressé de le blâmer? Il y a là une grande différence entre la dépravation et le manque de pudeur. L'enfant ne connaît pas la honte, mais il n'est pas éhonté. La pudeur, Rousseau l'a dit avec raison, est « une institution sociale; » elle se développe avec la civilisation ; chaque climat, chaque époque exerce sur les manifestations de ce sentiment une influence que voyageurs et historiens ont été à même de constater. Non-seulement la pudeur française est autre que la pudeur musulmane, mais notre pudeur d'à présent diffère en beaucoup de points de la pudeur de nos ancêtres. Chaque race s'est fait, dans son éducation morale et dans ses habitudes, un *criterium* de ce qui lui paraît décent ou non. En bonne conscience, on ne devrait pas taxer d'impudeur l'individu qui, dans sa patrie, ne blesse aucune des convenances sociales au milieu desquelles il a été élevé. Le Japonais le plus délicat et le plus rigide ne s'offusque pas de voir une jeune fille prendre un bain au seuil de sa porte devant les passants, et les gens de tout âge et de tout sexe qui se réunissent dans des salles communes pour y faire leurs ablutions, n'ont jamais cru commettre une action honteuse.

Un Japonais fort bien élevé, avec qui je m'entretenais des singulières habitudes de ses compatriotes, ne put absolument rien comprendre à l'indignation des Européens et aux scrupules que je tâchai de lui expliquer. « Oui, me dit-il, quand je vois au bain une femme nue, je la vois tout entière. Quel mal y a-t-il à cela? » Je ne pus tirer autre chose de lui, et il me resta démontré que nous partions de points de vue trop différents pour arriver à la même conclusion [1].

L'intérieur des maisons japonaises est d'une grande simplicité. L'exacte propreté en fait le principal ornement. Les chambres sont basses de plafond et séparées entre elles par des châssis mo-

---

1. Je suis grand ami des Japonais, et puisqu'on leur a si souvent reproché d'être privés de toute pudeur, je me permettrai de faire encore quelques observations sur ce sujet délicat. Certains crimes qui se jugent trop fréquemment devant nos tribunaux semblent être inconnus au Japon. Les images obscènes y sont, il est vrai, très-répandues; mais quiconque a vu des photographies qui, expédiées de Londres, de Paris et d'autres centres de civilisation, ont circulé et circulent encore en assez grand nombre sur les marchés de l'extrême Orient, ne peut hésiter à décerner la palme de la plus abjecte corruption aux compatriotes mêmes de ceux qui se sont tant effarouchés de l'impudeur japonaise. J'ai hâte d'ajouter qu'en constatant ce fait, je n'ai voulu jeter aucun blâme sur les communautés étrangères de la Chine et du Japon : elles sont en général composées d'hommes fort honorables, mais il n'est pas étonnant qu'il s'introduise parmi eux quelques individus sans vergogne qui trouvent dans l'appât du gain un motif suffisant de se livrer au trafic le plus ignoble.

biles, dont le déplacement suffit pour changer à volonté la disposition de l'appartement. Chacune de ces chambres est garnie d'épaisses nattes en bambou; mais on n'y voit aucun des meubles à demeure et d'un usage commun chez nous, comme chaises, tables, armoire ou lit. A-t-il besoin d'écrire, le Japonais tire d'un placard un petit guéridon, haut d'un pied, devant lequel il se met à genoux; la lettre finie, il renferme le guéridon. A l'heure des repas, on dresse des tables carrées et de dimensions fort exiguës; au moment du coucher, on étend sur les nattes d'épaisses couvertures en soie ou en coton et d'amples robes de chambre en étoffes plus ou moins précieuses. Après s'être dépouillés de leurs vêtements de jour, les Japonais s'enveloppent de grandes robes de nuit qui les couvrent chaudement, appuient leur tête sur un oreiller de bois, dont le dessus est rembourré et qui a la forme et les dimensions d'un fer à repasser, et c'est ainsi qu'ils s'abandonnent au sommeil. Le matin, on serre ces objets dans une espèce de cabinet noir; on ouvre toutes les portes afin de donner de l'air, on balaye les nattes avec soin, et la salle, complétement vide, sert dans la journée de bureau, de salon et de salle à manger, pour redevenir chambre à coucher la nuit venue. Cette manière de vivre explique fort naturellement l'excessive propreté des habitations japonaises.

Il n'y a que deux meubles qui soient d'un usage général parmi toutes les classes, le *chibats* et le *tabaccobon*, c'est-à-dire le *brasero* et la boîte à fumer. Le Japonais est grand buveur de thé, grand fumeur et grand causeur. A toute heure de jour, il lui faut de l'eau bouillante, et le *brasero* doit rester allumé le jour comme la nuit, en été comme en hiver. Il s'en sert aussi pour allumer la pipe qu'il tire vingt fois par jour de sa ceinture, où il la porte suspendue aux cordons d'une blague à tabac ; elle n'est guère plus grande qu'un dé à coudre, et le fumeur la remplit et la vide cinq ou six fois en autant de minutes. Ceux qui sont obligés de travailler et pour qui le temps a une certaine valeur, ne peuvent se procurer qu'en passant le plaisir de boire du thé et de fumer quelques pipes : ils s'y livrent deux ou trois fois entre chaque repas ; mais les gens qui n'ont rien à faire ou qui ne font rien, et le nombre en est considérable au Japon, ceux-là passent de longues heures accroupis autour du *brasero*, buvant du thé, fumant leurs petites pipes, et causant ou écoutant avec une satisfaction évidente peinte sur leurs mobiles visages. C'est lorsqu'on aborde les Japonais ainsi réunis qu'on apprécie le mieux leur aimable humeur, leur bienveillante politesse, et aussi leur paresse incorrigible. L'amour du travail n'est pas une vertu commune chez les Japonais ; beaucoup d'entre eux sont indolents à un degré dont un Européen qui n'a pas encore vécu en Orient ne peut se faire aucune idée.

Nagasacki possède un grand nombre de temples. Au reste, les édifices religieux abondent au Japon. D'après des calculs que l'on regarde comme officiels, on n'en compte pas moins de 149 280, dont 27 000 sont consacrés à la religion primitive, le *sintisme*, et 122 280 au *bouddhisme*, qui fut introduit dans ce pays vers le milieu du sixième siècle. Ces chiffres, quelque élevés qu'ils soient, ne paraîtront pas exagérés à ceux qui ont visité le Japon, et qui, en parcourant les villes ou les campagnes, ont assurément remarqué qu'on y rencontrait plus de monuments du culte que dans toute autre région du globe. A Yédo, ville d'une étendue considérable, les temples et leurs vastes dépendances occupent près d'un quart de la superficie totale[1]. Ce qui étonne bien davantage, c'est la disproportion qu'on finit par découvrir entre les manifestations si fréquentes du sentiment religieux et la nature même de ce sentiment. En voyant le Japon couvert de temples et de couvents dont l'érection doit avoir coûté des sommes énormes, et dont l'entretien absorbe une bonne partie des revenus publics, on serait porté à croire qu'on se trouve au milieu

---

1. On y compte en tout 1483 temples, dont 1201 sont consacrés au bouddhisme et 282 au *sintisme*.

d'une nation très-religieuse ou du moins imbue de préjugés superstitieux. Il n'en est rien. Les Japonais sont, en matière religieuse, le peuple le plus indifférent que j'aie rencontré. A cet égard, il l'emporte encore sur les Chinois. Le commerce qu'ils ont établi avec leurs divinités hautes et basses est vraiment si curieux que, sans trop m'écarter du cadre de ce travail, je crois bon d'entrer dans quelques détails à ce sujet.

Il y a au Japon, comme je l'ai dit, deux religions établies et reconnues, le bouddhisme et le sintisme. Dans les classes élevées de la société, on trouve un grand nombre de disciples de Confucius, les *siodosins*, comme ils s'appellent, libres penseurs, qui dédaignent toute espèce de pratiques pieuses proprement dites, et qui prétendent que la véritable religion consiste dans le parfait accord des actes avec les préceptes d'une sage raison. Le sintisme est la religion primitive du Japon [1]. Les temples qui lui sont consacrés ont reçu le nom de *mias*. Ce qui les distingue surtout des *téras*, temples bouddhistes,

---

1. Le *sintisme*, en japonais *sin-siou*, de *sin*, dieu, et *siou*, foi, reconnaît pour première divinité la déesse du soleil, Tensio-Daï-Sin-Sama. Cette déesse naquit à une époque indéterminée dans la province japonaise d'Isjé, et c'est d'elle que descendent les nombreuses dynasties de dieux et de demi-dieux qui ont précédé Sin-Mou, le premier empereur-homme du Japon et l'aïeul des *daïris*, *mikados* ou *empereurs spirituels* de ce pays. — On n'a pu guère se procurer jusqu'ici sur la religion des Japonais

c'est qu'on n'y voit point d'idoles. Ordinairement ils sont petits et entourés de jardins ou de cimetières ; ils sont desservis par une armée de moines qui ont, à ce qu'il paraît, le droit de se marier, et qui assurément n'ont point fait vœu de chasteté. Quant au bouddhisme, il se partage en différentes sectes, dont les quatre principales sont reconnues ; mais il y en a bien d'autres : on m'en a cité jusqu'à douze, et je n'oserais affirmer que la liste soit complète, car il règne à ce sujet parmi les gens qui devraient être le mieux renseignés une ignorance choquante. Dans le clergé bouddhiste, quelques prêtres se marient, d'autres restent célibataires. Si l'on en voit se nourrir exclusivement de légumes et d'œufs, il y en a d'autres qui n'ont aucune horreur du poisson ; tous du reste, à quelques rares exceptions près, paraissent aussi fainéants que stupides ; et, bien qu'ils appartiennent à une caste qui tient le milieu entre la noblesse et la bourgeoisie, ils ne jouissent d'aucune considération. J'ai fait un assez long séjour dans le voisinage d'un couvent japonais, et grâce à

---

que des données contradictoires, d'où il est fort difficile de dégager la vérité. Les Japonais eux-mêmes semblent ne pas bien connaître leur religion, ou ne se soucient pas d'en parler. Les renseignements les plus complets qu'on puisse se procurer sur ce sujet se trouvent dans le volumineux recueil dont M. de Siebold a depuis trente-cinq ans entrepris la publication, et qui est intitulé *les Archives du Nippon*.

l'expérience de mon hôte, M. l'abbé Mermet, j'ai pu me rendre exactement compte de la vie inutile et oisive que mènent les moines. Cette vie se passe tout entière à répéter des formules de prières (un rosaire leur sert à en supputer le nombre), à sonner les cloches, à battre la caisse, à présider les cérémonies funèbres, à mendier, et surtout à bien manger, boire et dormir. Les offices, qui ont lieu le matin, dans la journée et à la tombée de la nuit, durent longtemps. On y entonne un plain-chant qui, par le rhythme et la mélodie, n'est pas sans analogie avec celui de nos églises. Souvent, quand je m'éveillais à la pointe du jour, en voyant le grand temple s'éclairer de lueurs mystérieuses, en entendant la psalmodie monotone des moines japonais, que la brise matinale apportait jusqu'à moi, je pouvais me croire transporté à des milliers de lieues, en plein pays catholique, à la porte d'un monastère de chartreux ou de trappistes. De même le soir, lorsque les belles cloches des temples de Nagasacki annonçaient la fin du jour et invitaient les hommes au repos, les fidèles à la prière, je retrouvais encore un souvenir de l'Europe dans ces appels sonores qui me rappelaient l'*Angelus*.

Les Japonais qui font métier de sacerdoce, les moines ou bonzes, les *bo-sans*, comme on les appelle, semblent être les seuls individus de cette nation qui s'occupent avec quelque suite du culte religieux. Le peuple, autant que j'ai pu en juger par moi-même et d'après les renseignements des résidents étrangers, le peuple fait de la religion une affaire d'importance secondaire; il traite ses dieux, dont un grand nombre sont d'anciens héros canonisés, comme il traite ses supérieurs, c'est-à-dire avec les dehors d'une politesse souvent obséquieuse, mais où l'on démêle une certaine bonhomie et quelque familiarité, et avec un respect qui n'est pas exempt de secrètes appréhensions. Quant aux divergences qui séparent entre elles les différentes sectes du bouddhisme, ou qui distinguent cette religion même du sintisme, il n'est guère possible de les apercevoir, et on ne possède à ce sujet que des données fort incertaines. Les indigènes ne paraissent pas en savoir davantage; au reste, ils se soucient peu d'une question semblable, et prient, sans distinction de sectes, dans chacune des églises où ils entrent sur leur passage. Lorsqu'on eut achevé la belle église catholique de Yokahama, M. l'abbé Girard, provicaire apostolique au Japon, y vit, à sa très-grande satisfaction, les Japonais se présenter en foule. Ce fut avec les marques d'un profond respect qu'ils pénétrèrent dans l'enceinte sacrée; ils examinèrent attentivement l'image du Christ, déposèrent des offrandes sur les marches de l'autel, et quelques-uns se mirent même à genoux et récitèrent des prières. Rien ne semblait plus naturel que de voir en eux des gens tout disposés à se convertir au christianisme ; mais les personnes un peu familiarisées avec les habitudes japonaises ne pouvaient longtemps s'y tromper. Les Japonais tenaient surtout à conserver dans le nouveau temple la tenue respectueuse qui convient à des gens bien élevés dans tout édifice consacré à un culte quel qu'il soit. Quant à l'image du Christ, elle n'était à leurs yeux que celle d'un grand homme de l'Occident devant laquelle il fallait se prosterner tout comme on le ferait, si ce seigneur allait paraître en personne. La seule croyance solidement affermie au Japon est le respect dû à la hiérarchie, à l'autorité, à la grandeur humaine. Le fanatique dévouement des sujets à leur suzerain en est la plus éclatante preuve. Le sentiment religieux, tel que nous le comprenons, est inconnu aux Japonais, et leur facilité même à se rapprocher du christianisme, n'étant qu'un effet de leur indifférence en semblable matière, est assurément ce qui doit décourager le plus nos missionnaires. On tomberait dans une grave erreur si l'on s'avisait d'attribuer à l'influence des convictions religieuses les lois sévères qui proscrivent l'introduction du christianisme au Japon. Il n'y faut voir qu'un acte purement politique. Lorsque le gouverneur de Yokohama fit savoir à M. l'abbé Girard qu'il punirait de prison, de mort même, quiconque parmi les Japonais se risquerait à remettre les pieds dans son église, il n'était certes pas guidé par le respect du bouddhisme ou du sintisme, car c'était un *siodosin* ou libre penseur, ou par la haine du christianisme, qu'il ne connaissait point; il craignait seulement que les rapports fréquents des missionnaires et des indigènes n'amenassent entre eux une sorte de confraternité que le gouvernement du taïkoun s'efforce partout d'empêcher.

CHAPITRE III.

NAGASACKI.

Célébration de la *madzouri* (grande fête) de Nagasacki. — Théâtre. — Lutteurs. — Saltimbanques. — Le quartier des *djoro-jas* ou *maisons de thé*. — Ses habitants : *o-bassan-djoro, kaméron, ghéko, o-doori*. — Départ de Nagasacki.

L'Olympe japonais contient un grand nombre de dieux et de demi-dieux ; aussi les fêtes abondent-elles dans le calendrier [1]. Quelques-unes se passent

1. Les principales fêtes se célèbrent dans le premier, le deuxième et le cinquième mois de l'année. Le jour de nouvel an est fêté comme chez nous. On se fait réciproquement des visites et des cadeaux, et l'usage de la carte de visite est à cette occasion plus répandu encore qu'en France. Le deuxième mois (*Ni-gouats*) est le mois où se célèbre la grande fête des femmes ; le cinquième (*Go-gouats*) est consacré aux hommes. Les enfants mâles nés dans ce mois sont considérés comme prédestinés à une existence heureuse.

sans éclat; mais, lors des plus solennelles *madzouris* (c'est le nom qu'on leur donne), la population entière est en émoi : c'est une occasion dont elle profite avec empressement pour assister à de grands repas, à de brillants spectacles, pour se divertir enfin et se livrer à tout l'abandon de son humeur. J'eus la bonne fortune de me trouver à Nagasacki lorsqu'on célébra la fête du patron de la ville. C'est la *madzouri* par excellence, et elle m'offrit pendant trois jours de curieux sujets d'observation et d'amusement. Le gouverneur, homme aimable et distingué avec lequel j'avais noué des relations dont j'ai gardé un bon souvenir, envoya un peu avant la fête dire à mon hôte, le consul américain, qu'il avait fait préparer des places qui nous permettraient d'assister aux spectacles qu'on allait donner en plein air en l'honneur du patron de Nagasacki. Au jour indiqué, nous ne manquâmes pas de nous y rendre.

Ce jour-là, toute la ville chômait: les rues étaient désertes, les boutiques fermées, et les rares passants, en habits de fête, se dirigeaient d'un pas pressé vers le quartier où l'on célébrait la *madzouri*. Là il y avait foule, foule compacte et joyeuse, mais calme et inoffensive. Avec cette politesse dont les Japonais ne se départent jamais, on se rangeait avec empressement sur notre passage; on avait l'air de dire : « Voici des étrangers; ayons pour eux les égards que l'on doit à des hôtes. » Nous traversâmes ainsi une place où des lutteurs achevaient un de leurs exercices, et, après avoir gravi un grand escalier, nous nous trouvâmes devant l'enceinte réservée où devait avoir lieu la représentation dramatique. Un officier nous attendait à l'entrée. Après nous avoir salués profondément et avoir exprimé le regret de nous voir si peu nombreux, il nous conduisit dans une loge couverte, à côté de celle qu'occupaient le gouverneur et les principaux officiers de sa maison. On avait eu la précaution de garnir la loge de banquettes à notre usage, car les Japonais ont l'habitude de s'asseoir par terre, ainsi que d'une table sur laquelle était servi en abondance ce que la cuisine japonaise offre de plus exquis : du riz, du poisson cru et bouilli, des œufs, des légumes, des fruits, des sucreries, du vin doux d'Osakka, du *sakki* (eau-de-vie de riz) et du thé. A peine étions-nous assis que des domestiques apportèrent des pipes et du tabac. Quelques minutes plus tard, le gouverneur envoya un de ses officiers, accompagné d'un interprète, pour nous remercier d'avoir accepté son invitation. « C'était, à son avis, un spectacle bien peu digne de nous qu'il pouvait nous offrir, mais il espérait qu'en le jugeant nous lui tiendrions compte de sa bonne volonté à nous procurer quelque distraction. »

Mes compagnons et moi ne pensions pas ainsi. Le

spectacle que nous avions sous les yeux était aussi varié qu'intéressant. Devant nous s'étendait un grand espace vide; tout autour, maintenue par la présence du gouverneur dans un silence respectueux, se pressait la multitude. On avait donné les meilleures places aux enfants. C'était déjà un plaisir de les voir avec leurs petites têtes bien rasées, vêtus les uns de robes de soie brillantes, les autres de robes de coton, mais tous propres et bien tenus, regardant partout avec une curiosité avide et une vivacité joyeuse. Derrière eux se tenaient les parents, hommes graves en longues robes sombres, serrées autour des reins par une étroite ceinture (*obi*), à laquelle on suspend l'écritoire, la blague à tabac, la pipe et l'éventail. Les femmes portent un costume plus coquet : leurs beaux cheveux sont lissés avec soin, ornés de longues épingles et relevés par des peignes d'écaille jaune. Elles sont fardées à l'excès; le rouge et le blanc forment des couches épaisses sur leur front, leur cou et leurs joues. Les plus hardies ont doré leurs lèvres, de plus modestes se contentent de les rougir avec du carmin. Les femmes mariées ont, suivant la coutume, les sourcils rasés et les dents noircies, ce qui est loin de les embellir à nos yeux[1]. Les jeunes

---

1. Les dents blanches et les sourcils bien dessinés sont aussi aux yeux des Japonais des attributs nécessaires de la beauté.

filles au contraire, que la loi ne soumet pas à cette coutume barbare, sont charmantes : elles ont les plus belles dents du monde, de doux yeux, des sourcils noirs et bien arqués ; au visage d'un pur ovale, elles joignent une taille svelte, des formes gracieuses, des façons remplies de naïveté et souvent d'une remarquable distinction. Il faut les voir s'aborder avec de profonds saluts et d'aimables sourires, il faut les entendre dire en passant l'une devant l'autre : *Má-pira gómen assáï*, demandant ainsi pardon d'un dérangement illusoire, pour se convaincre que le peuple japonais est, dans tous ses représentants, le peuple le plus affable et le plus poli du monde.

Tout à coup une grande rumeur s'élève : la foule s'entr'ouvre et laisse passer à travers ses rangs une troupe de baladins ambulants ; les premiers jouent du fifre, du tam-tam, de la grosse caisse et du *samsin* (guitare à trois cordes) ; d'autres sont chargés de planches et d'outils ; les derniers sont au nombre de trois, et chacun d'eux porte à califourchon sur

---

Les femmes, en s'enlaidissant après leur mariage, font un sacrifice dont il ne faut pas méconnaître la valeur. En devenant mères de famille, leur devoir est d'être fidèles épouses, mères attentives. Leur beauté devient une qualité dont elles ne doivent plus s'occuper beaucoup, et pour montrer qu'elles abdiquent toute prétention de plaire, elles se soumettent à l'usage de se noircir les dents et de se raser les sourcils.

ses épaules un enfant de dix à douze ans, bizarrement fardé et accoutré. En un clin d'œil, les *machinistes* ont arrangé la scène et disposé les décors. L'action va se passer au milieu d'un jardin: il y a des buissons, des arbres, une petite maison; les accessoires même ne font pas défaut. Les musiciens ont pris place ; les trois enfants se détirent les membres sur le plancher du théâtre improvisé, et laissent à leurs habilleurs le soin de réparer le désordre de leur toilette; le directeur est à son poste : on frappe trois coups sur le tam-tam et la représentation commence.

Ce qu'on jouait cette fois-là, je n'en ai saisi ni les beautés ni les détails; c'était un tissu de déclamations et d'invraisemblances. Une chose me frappa surtout, l'assurance imperturbable des jeunes acteurs, qui ne paraissent jamais en butte à un moment d'hésitation ou d'embarras. La fable était fort simple. Un jeune homme parle d'amour à une jeune fille, un vieillard surprend leurs mutuelles confidences. Scène violente. Les deux hommes dégaînent et croisent le sabre en s'accablant d'injures; la jeune fille pleure et finit par se mêler au combat en attaquant traîtreusement le vieillard par derrière: il tombe et l'amant l'achève. Un instant après, le mort reparaît sous le costume d'une divinité, et bénit le jeune couple, qui ne garde pas du meurtre commis le plus léger remords. Au contraire, ils s'empressent tous trois de célébrer ce jour heureux par une danse désordonnée ; l'orchestre les excite en faisant un tapage qui va toujours croissant et qui s'interrompt brusquement sur un point d'orgue. Tout cesse alors; les enfants remontent sur les épaules de leurs porteurs, le théâtre est démonté et la troupe, musique en tête, reprend en courant le chemin par où elle est venue. Elle fait place à d'autres acteurs, et va répéter son petit drame devant d'autres spectateurs qui l'attendent sur un autre point de la ville. La représentation de chaque pièce dure environ de quinze à vingt minutes, y compris le montage et le démontage du théâtre ; les entr'actes n'excèdent pas dix minutes. Depuis neuf heures du matin, le public a déjà vu défiler une demi-douzaine de troupes et jusqu'au coucher du soleil, il en verra encore une vingtaine.

Après avoir assisté à cinq ou six représentations dramatiques auxquelles je ne comprenais pas grand'chose, mais qui se ressemblaient en cela que chacune avaient trois enfants pour interprètes, nous quittâmes le spectacle afin d'aller voir les autres divertissements de la grande *madzouri* de Nagasacki. Nous fîmes présenter nos compliments au gouverneur, qui enjoignit à un de ses officiers de nous accompagner partout où il nous plairait d'aller.

Ce qui m'avait paru le plus singulier dans le

spectacle auquel je venais d'assister, c'était l'aplomb des jeunes acteurs. Des comédiens qui auraient vieilli sur les planches n'auraient pas montré plus d'aisance, d'entrain et de sang-froid que ces enfants. En présence d'un public nombreux, composé en partie de hauts personnages, ils n'avaient laissé percer ni timidité ni gaucherie.

Cette hardiesse ne me déplaisait point. J'estime infiniment la modestie, aimable vertu qui sied aux enfants, comme dit un vieux proverbe ; mais la timidité n'est trop souvent qu'une forme particulière de la vanité ; et, à mon avis, un enfant qui a bien appris sa leçon et qui est sûr de ne pas broncher doit s'exprimer bravement. L'aplomb, chez lui, n'est que de la naïveté et une preuve de la confiance qu'il a dans ses maîtres.

De toutes parts, sur notre chemin, régnait par la ville une animation extraordinaire en même temps qu'un ordre parfait. En passant, nous vîmes un saltimbanque, un diseur de bonne aventure, une femme qui montrait des oiseaux apprivoisés, un homme qui, pour quelques *cenis* (petite monnaie de cuivre), faisait voir un gigantesque chat sauvage. Un tour de saltimbanque excita particulièrement mon attention par l'adresse gracieuse avec laquelle il fut exécuté. Le saltimbanque produisit un grand papillon en papier, mais si parfaitement imité qu'à la distance de quelques pas on aurait pu croire l'insecte vivant. Il jeta ce papillon en l'air, puis, en agitant habilement son évantail, il le maintint au-dessus de sa tête, le fit voltiger, monter et descendre en imprimant à tous ses mouvements l'apparence d'un être animé; il finit par laisser s'élever ce papillon à une hauteur assez grande, d'où il retomba lentement, ses larges ailes lui servant de parachute, sur une fleur que le saltimbanque tenait à la main.

Le cirque des lutteurs, où nous nous rendions, était, quoique spacieux, encombré de spectateurs; mais on nous avait réservé de bonnes places, d'où on voyait aisément tout ce qui se passait. Il y avait au centre une estrade circulaire, élevée de deux pieds au-dessus du sol et d'un diamètre de vingt pieds environ. Le plancher était garni d'un lit de paille, recouvert d'une épaisse couche de sable fin, afin d'amortir les chutes ou de les rendre moins périlleuses. La surface de l'arène était légèrement concave. Quant aux lutteurs, je n'ai jamais vu d'hommes si gros et si épais; c'étaient de véritables colosses, des Bacchus de six pieds, dont le plus mince pesait deux cents livres, et dont le chef atteignait, comme on le disait avec orgueil, au poids de trois cent quarante livres. Ces choix paraissent bizarres, mais ils sont justifiés par la nature de l'exercice auquel les lutteurs japonais doivent se livrer. Rester maître de l'arène et en expulser son adversaire, tel est l'objet de la lutte. Pour en arriver là, une forte corpulence est d'un puissant secours, et c'est pour cela que les lutteurs se recrutent parmi les hommes les plus lourds qu'on puisse trouver. Ceux qui allaient s'exercer devant nous étaient presque nus, car ils ne portaient qu'une écharpe en soie verte étroitement serrée autour des reins; accroupis le long de l'estrade, fixant devant eux des regards stupides et mornes, ils offraient un spectacle curieux, mais nullement agréable. Une des luttes venait de finir lorsque nous prîmes place dans le cirque. Un officier s'avança sur l'estrade et annonça au public quels étaient les deux athlètes qui allaient paraître, puis il lut sur un papier une longue liste de noms propres et de chiffres; c'était l'état des paris engagés entre les spectateurs au sujet du prochain combat, et qui, suivant l'usage japonais, avaient été communiquées au commissaire de la fête pour être lus à haute voix, dans l'intention de stimuler l'ardeur des lutteurs. La lecture terminée, l'officier se rangea pour laisser la place libre au milieu de l'arène; deux lutteurs se présentèrent, et après avoir salué le public en levant les bras au-dessus de leurs têtes, ils se disposèrent pour le combat. Les préparatifs durèrent longtemps; la foule, qui devait y être accoutumée, ne s'en plaignait pas, mais les étrangers perdirent patience, et leur exclamation *häiakko* (dépêchez-vous) se fit entendre plus d'une fois, à la grande joie des Japonais, qui en riaient aux éclats. Les lutteurs commencèrent par répandre dans l'arène quelques grains de riz et quelques gouttes d'eau pour se rendre le dieu des gladiateurs favorable, puis ils mouillèrent légèrement leurs épaules, leurs bras et leurs jambes, se frottèrent les mains avec du sable, exécutèrent des mouvements grotesques, ayant sans doute pour effet d'assouplir leurs membres, et finirent par se camper l'un en face de l'autre au milieu de l'arène, dans la posture d'hommes qui, de toutes leurs forces, se préparent à se frayer passage. Accroupis sur la pointe de leurs larges pieds, les coudes serrés contre le corps, le cou tendu, le buste un peu incliné en avant, leur attitude était grotesque et menaçante à la fois. Sur un signal donné par le commissaire de la fête, les deux hommes poussèrent un cri rauque et se ruèrent l'un sur l'autre, chacun avec l'intention de culbuter son adversaire. Le choc dut être terrible ; le bruit en retentit sourdement dans tout le cirque, et les chairs des combattants, à l'endroit où ils avaient été touchés, se couvrirent à l'instant d'une vive rougeur ; mais le coup avait été calculé avec tant d'adresse que l'effet en avait été pour ainsi dire neutralisé. Les deux hommes avaient rebondi sur eux-mêmes comme deux masses inertes et du même poids qui auraient été lancées l'une contre l'autre avec une vitesse égale. Ils revinrent immédiatement à la charge, se heurtant à l'envi de toutes leurs forces, chacun faisant de puissants efforts pour rester seul maître de l'arène. Après quelques tentatives infructueuses, ils renoncèrent à terminer le combat de cette manière, et aux immenses applaudissements de la foule qui suivait les phases de la lutte avec un intérêt fébrile, ils se saisirent enfin corps à corps. Ce fut alors un spectacle émouvant que celui des deux colosses nus, étroitement unis dans une puissante étreinte, épaule contre épaule, poitrine contre poitrine, les bras entrelacés, les jambes écartées et soutenant sans fléchir le poids énorme qui pesait sur elles. Les membres se roidissent, les muscles tendus se dessinent vigoureusement. Aucun d'eux n'a encore été ébranlé. Soudain en voici un qui empoigne son adversaire à la ceinture; d'un bras il le soulève de terre et le tient plusieurs secondes suspendu en l'air, puis avec violence il lance cette masse en dehors de l'arène, et l'envoie rouler parmi les lutteurs qui, comme le public, ont suivi d'un œil curieux toutes les péripéties du combat. Haletant, chancelant et ruisselant de sueur, le vainqueur s'avance au milieu du cirque, salue en levant les bras, et se retire au bruit d'interminables applaudissements.

Les athlètes japonais, appelés *soumos*, forment une caste particulière. Ils jouissent d'une certaine considération. Les bourgeois sont tout fiers d'être vus en leur compagnie, et ils les invitent chez eux à fumer et à boire; les nobles même ne dédaignent pas de les fréquenter. Il y a différentes sociétés de lutteurs. Le champion de chaque société en est en même temps le chef; il possède, comme les héros du *ring* anglais, une ceinture d'honneur qui d'ordinaire lui a été donnée par le seigneur de sa province natale, et dont il se pare au commencement et à la fin de chaque représentation. La lutte, comme profession, ne s'exerce pas librement. Tout athlète doit être affilié à une société, et il est obligé de se contenter du salaire qu'il y reçoit; quant au chef, il prélève sur les bénéfices la part du lion. Cependant il n'est pas maître absolu de sa troupe; il est placé à son tour sous la dépendance du roi des lutteurs qui préside la grande société de Yédo ou de Kioto, et il lui paye un tribut annuel. Les chefs des sociétés ont rang d'officier, et portent deux épées, signe distinctif de la noblesse japonaise. Ils sont continuellement en voyage et conduisent leurs troupes dans les diverses provinces, séjournant dans les grandes villes durant un temps fixé par l'autorité. Ils recueillent beaucoup d'argent, car les Japonais sont enthousiastes amateurs de leurs exercices.

Nous quittâmes le cirque après avoir assisté à différentes luttes, et retournâmes dans les rues. La foule les avait désertées et remplissait alors les maisons, où l'on se livrait avec abandon au plaisir de la table. Çà et là, nous vîmes des visages échauffés par le *sakki* (eau-de-vie de riz), quelques individus, chantant et riant à haute voix, montraient qu'ils n'étaient déjà plus maîtres de leur raison; mais partout régnait dans les esprits une disposition joviale et pacifique. Nous nous arrêtames devant plusieurs maisons, et chaque fois on s'empressa de nous prier d'entrer et de nous offrir à boire et à manger. Nous déclinâmes ces invitations, car l'officier notre guide nous avait prévenus qu'il avait encore à nous conduire dans un endroit particulièrement curieux. Comme la *madzouri* se célébrait dans les environs du quartier de Decima, situé à une des extrémités de Nagasacki, il nous ramena en arrière, et nous fit traverser la partie la plus populeuse de la ville. Après avoir franchi une porte solide gardée par un poste de soldats, nous nous trouvâmes à l'entrée d'une rue d'un aspect tout à fait singulier. Longue et très-large, cette rue était silencieuse, sombre et presque déserte. Les maisons qui la bordaient ne ressemblaient point à celles que j'avais déjà vues : elles étaient plus vastes que les habitations de marchands et d'artisans, mais l'on n'y voyait pas la grande porte qui sert d'entrée aux hôtels de la noblesse. De fortes grilles en bois en défendaient les abords, sans empêcher néanmoins d'apercevoir ce qui se passait dans l'intérieur. On y pénétrait par des portes basses et massives, ménagées sur un des côtés de la façade. Tout contribuait à prêter à ce lieu isolé un caractère d'étrangeté et de mystère. Le jour avait baissé. Çà et là on allumait des lanternes en papier. Les passants marchaient vite, et plusieurs d'entre eux avaient l'air de se cacher; car, en dépit d'une chaleur assez forte, ils s'étaient enveloppés la tête de grands mouchoirs, de façon à ne laisser dans leurs figures que les yeux à découvert. On nous avait conduits dans la partie la plus mal famée de la ville, en plein quartier des *djorojas* ou maisons de thé. La prostitution japonaise a un caractère si extraordinaire, son influence sur les mœurs publiques est si puissante, elle a enfin donné lieu à des interprétations si fausses, qu'il n'est guère possible, malgré les difficultés du sujet, de ne pas entrer dans quelques détails indispensables sur ce côté tristement caractéristique de la vie locale.

Nous nous étions approchés d'une de ces *djorojas*, et à travers les barreaux de la grille nous distinguâmes une salle spacieuse, garnie de nattes en bambou, et faiblement éclairée par quatre grandes lanternes en papier de couleur. A nos côtés se trouvaient une douzaine de Japonais qui, la figure collée contre la grille, examinaient comme nous ce qui se passait dans la salle. Il y avait là huit jeunes filles magnifiquement habillées de longues robes d'étoffes précieuses; accroupies sur leurs talons, suivant l'usage du Japon, elles demeuraient droites et immobiles, les yeux attachés sur la grille qui nous séparait d'elles, et ayant dans leurs regards brillants cette fixité particulière à ceux qui ne se rendent pas compte de ce qu'ils voient. Leurs beaux cheveux, d'un noir de jais, étaient arrangés avec art et ornés de longues épingles en écaille jaune. Elles étaient dans la première jeunesse : la plus âgée comptait vingt ans à peine ; les plus jeunes n'en avaient guère plus de quatorze. Quelques-unes se faisaient remarquer par leur beauté, mais toutes avaient un air résigné, fatigué, indifférent surtout, qui s'accordait mal avec leurs jeunes visages et qui faisait peine à voir. Exposées comme les bêtes curieuses le sont dans une ménagerie, examinées et critiquées à loisir par chaque curieux, pour être vendues ou louées au premier offrant, ces malheureuses présentaient un spectacle qui me causa l'impression la plus pénible. Une vieille femme parut à l'entrée de la salle et prononça quelques mots ; l'une des jeunes filles se leva aussitôt, mais avec la lenteur d'un automate. Il y avait dans cette manière de se mouvoir quelque chose d'inconscient, comme chez les animaux dressés qui exécutent, sur l'ordre de leur maître, certaines manœuvres dont ils ont l'habitude.

Nous franchîmes la porte voisine de la grille et traversâmes un couloir étroit et sombre, fermé aux deux extrémités, et qui donnait accès à une vaste salle exhaussée de quelques pieds au-dessus du sol. La prolongation du couloir par où nous étions entrés la partageait en deux moitiés inégales. A droite, nous vîmes une trentaine de personnes ; c'étaient des enfants de huit à quatorze ans, des jeunes filles et des femmes, dont il était difficile de déterminer l'âge, puisque les Japonaises, dès qu'elles ont dépassé la trentaine, paraissent souvent beaucoup plus vieilles qu'elles ne le sont en réalité. C'est surtout à l'abus des bains très-chauds, et pris fréquemment, qu'il faut attribuer cette vieillesse précoce. Quelques-unes des petites filles étaient déjà couchées et dormaient d'un profond sommeil, la tête appuyée sur un oreiller en bois rembourré. Celles qui étaient encore debout portaient, en l'honneur de la *madzouri*, leurs habits les plus riches. Femmes et jeunes filles se tenaient assises autour des *braseros*, mangeant et buvant, fumant et causant.

A notre arrivée, une vieille femme proprement vêtue vint à notre rencontre et demanda ce que nous désirions. L'officier, notre guide, répondit que nous voulions voir des danseuses et des chanteuses, et qu'il fallait nous préparer un bon repas dans le plus bel endroit de la maison. La vieille nous conduisit alors, à travers un jardin planté de beaux arbres, jusqu'à un pavillon, où elle alluma des lanternes de couleur et une douzaine de mauvaises bougies de cire végétale fichées sur des candélabres en fer. Le rez-de-chaussée du pavillon ne formait qu'une seule pièce; le premier étage, au contraire, se divisait en un grand nombre de chambres ou plutôt de cellules, séparées les unes des autres par des châssis tendus de papier. Les nattes qui couvraient le plancher étaient partout fort propres et de qualité supérieure, le papier des murailles était neuf; de fines sculptures en bois ornaient les piliers et les dessus de porte. En somme, le pavillon où nous étions formait une habitation japonaise fort agréable. La femme qui nous avait conduits, espèce de surveillante qu'on appelle *o-bassan*, s'éloigna après avoir reçu nos ordres. Bientôt elle revint, accompagnée de trois petites filles qui, comme elle-même, portaient des guéridons en bois noir verni, des coupes de la même matière, mais de couleurs différentes, des tasses et des bouteilles de porcelaine, enfin tous les ustensiles nécessaires à un repas. Elles allaient et venaient, sérieuses et affairées; d'autres petites compagnes se joignirent à elles, et, dans quelques minutes, nous eûmes devant nous un souper japonais fort bien servi. Il se composait, comme le repas que j'avais déjà pris, d'œufs durs, de homard, de poisson cru et bouilli, de riz, de fruits et de sucreries; le vin doux d'Osakka, le *sakki* et le thé n'avaient pas été oubliés. Les mets étaient appétissants et bien préparés, et nous fûmes servis avec autant d'adresse que de complaisance par les petites domestiques. Ces enfants, connues sous le nom de *kabrousses* ou *kamérons*, sont élevées par les *djoros* (courtisanes) et par l'*o-bassan*, et sont destinées à les servir ainsi que les personnes qui viennent dans la maison.

Pendant le souper, nous vîmes entrer plusieurs jeunes filles; c'étaient les *djoros*. Elles se présentèrent l'une après l'autre, et nous adressèrent un profond salut en se mettant à genoux et en touchant la terre de leurs fronts, puis elles se retirèrent dans un coin de la salle. Sur notre invitation, elles vinrent s'asseoir auprès de nous et prirent une part modeste à notre repas. Elles étaient d'ailleurs silencieuses et réservées, et ne répondaient à nos questions que par quelques timides paroles. Leur costume ne différait de celui des jeunes Japonaises que par le haut prix et l'éclat des étoffes. Quelques-unes avaient piqué dans leur chevelure des épingles d'écaille de la plus belle qualité [1].

Le souper terminé, les petites filles desservirent, et d'autres personnes pénétrèrent dans la salle. C'étaient quatre *ghékos* ou chanteuses, dont le costume rivalisait de richesse avec celui des *djoros*; chacune d'elles portait à la main le *sam-sin*, l'instrument favori des Japonais. Après avoir mis leurs

---

1. Une grande épingle d'écaille jaune coûte de 100 à 1000 fr.

sam-sins d'accord, elles commencèrent à jouer, en se servant, pour frapper les cordes, d'un morceau d'ivoire taillé en forme de hache. La musique japonaise ne peut entrer en comparaison avec la nôtre ; cependant on distingue dans les chants populaires quelques motifs faciles et agréables. Il faut reconnaître aussi que les Japonais sont doués d'une grande justesse d'oreille ; ils jouent et chantent parfaitement à l'unisson, et observent avec exactitude le rhythme souvent très-difficile de leurs mélodies. Sur l'ordre de l'*o-bassan*, les jeunes filles se levèrent pour exécuter des pas de danse à un ou plusieurs personnages. Leurs gestes forcés, leurs contorsions bizarres, étaient fort peu en harmonie avec les idées que nous avons de la grâce ; mais ces mouvements souples et précis s'adaptaient fidèlement au caractère de la musique, tantôt lente et triste, tantôt rapide et bruyante, et qui servait d'accompagnement à un poëme récité par les *ghékos*. Après la danse, qui avait duré assez longtemps, il y eut un moment de repos et de silence. Les *ghékos* acceptèrent avec force remercîments les gâteaux et le *sakki* que nous leur fîmes offrir ; les danseuses, encouragées par l'*o-bassan*, commencèrent à se sentir plus à l'aise, et causèrent à voix basse. Quelques-unes étaient fort jolies ; mais, ce qui me frappa plus encore que les traits de leur visage, c'était l'air modeste qui les rehaussait toutes. A les voir ainsi timides et réservées, on les eût prises pour d'honnêtes filles de la bourgeoisie. Une seule se faisait remarquer par une hardiesse d'allures qui contrastait singulièrement avec sa figure pâle et distinguée. « Il n'y a rien là d'étonnant, me dit un de nos amis à qui j'avais fait part de mon impression; cette jeune fille passe pour une beauté à la mode et fort recherchée. L'année dernière, elle était timide à l'excès; depuis, elle a passé quelques mois à Decima et à Oora, et c'est en fréquentant nos compatriotes qu'elle est devenue telle que vous la voyez. Vous pouvez admettre comme une règle générale que les indigènes dégénèrent moralement aussitôt qu'ils entrent en rapport avec nous. A quelles causes attribuer ce phénomène, peu flatteur pour notre amour-propre? Ce n'est pas le lieu de le rechercher; mais j'affirme qu'au Japon comme en Chine, la bonne, l'aimable société indigène a disparu partout où règne l'influence des Européens. Les *coulies* (portefaix) de Decima sont d'incorrigibles larrons, les marchands de Yokohama deviennent de jour en jour plus insolents, et les Japonaises qui sont obligées de subir la compagnie des étrangers y perdent très-vite la modestie, qui fait leur principal charme [1].

---

[1]. Je ne voudrais pas me joindre à quelques voyageurs, mes devanciers, qui, après avoir joui de l'hospitalité des Européens

Je ne saurais autrement définir l'état de démoralisation des *djoros* dans la compagnie desquelles je m'étais trouvé qu'en le qualifiant d'*état inconscient*. Toute loi morale se fonde sur la conscience. Où la conscience fait défaut, il ne peut pas y avoir de démoralisation. Ce qui est certain, c'est que la vie des *djoros* n'a rien qui blesse la conscience japonaise. Dans un des temples les plus vénérés de Yédo, dans le temple d'Akatza ou Quanon-sama, on a suspendu près de l'autel les portraits de quelques *djoros* célèbres pour leur beauté et leur charité; on les montre aux jeunes filles vendues aux maisons de thé comme les modèles à suivre. Dans la grande ville de Simonoséki, il y a un véritable monastère de *djoros*[1], qui a été fondé par la femme d'un ancien empereur du Japon, afin de subvenir aux frais d'une guerre entreprise contre des sujets rebelles. — Une *djoro* peut en quelque sorte ne pas déchoir et rentrer dans la société par la voie d'un mariage honorable. Ce fait s'est, à

---

dans l'extrême Orient, leur jettent la pierre, en les accusant de manquer souvent d'équité, de tact et de dignité dans leurs relations avec les indigènes. Les étrangers qui résident en Chine et au Japon forment des communautés très-respectables. Si l'argent que fait circuler leur commerce a souvent une triste influence sur les indigènes avec lesquels ils se trouvent en contact, et qui appartiennent généralement aux plus basses classes de la société, il serait injuste de rendre les Européens responsables d'un résultat où leur volonté n'entre pour rien.

1. Les filles qui y sont admises font vœu de ne plus en sortir.

ma connaissance, renouvelé trois fois pendant mon séjour au Japon, et il s'explique par l'organisation particulière de l'*institution* à laquelle appartiennent les *djoros*.

Une famille pauvre est-elle surchargée d'enfants ou la mort de son chef la prive-t-elle de ses principales ressources, il arrive alors fréquemment que les filles qui font partie de cette famille sont livrées à quelque maison de thé. On rédige à cette occasion deux espèces de contrat, suivant que la fille est encore en bas âge ou qu'elle est déjà nubile. Dans le dernier cas, de beaucoup le plus rare, la jeune fille est louée à la maison de thé pour un certain nombre d'années, et sa famille reçoit pour elle une somme qui varie de 10 à 20 *rios* (100 à 200 francs) par an, et qui constitue une augmentation considérable de ses revenus. Si l'enfant est jeune, le prix de vente se règle en une fois, et n'excède pas 50 ou 100 francs en tout; de plus, l'acquéreur s'engage à subvenir à tous les besoins de l'enfant et à lui donner une bonne éducation. Jusqu'à l'époque de sa nubilité, l'enfant est habillée et nourrie ; on lui apprend à lire et à écrire, à danser, à chanter et à jouer du *sam-sin*; on lui enseigne en un mot tout ce qui convient à une jeune fille bien élevée. A quinze ou seize ans, son éducation doit être terminée. On fait alors d'elle une *ghéko* (chanteuse), une *o-doori* (danseuse), ou bien une *djoro*; elle subit l'un ou l'autre de ces états sans avoir le droit ni la pensée de se plaindre. Sa volonté n'a pas été consultée lorsque, *kaméron* (petite fille), elle a été livrée à la maison de thé; sa volonté n'a pas à s'exercer davantage lorsqu'il lui faut s'acquitter de la dette qu'elle a contractée en recevant pendant plusieurs années tous les soins que son maître lui a donnés, car elle ne s'appartient pas : elle est victime de la misère ou de la cupidité de ses parents, qui, étant ses maîtres naturels, l'ont cédée par contrat légal, et pendant un temps déterminé, au propriétaire de la maison de thé. Dès lors celui-ci se substitue aux parents, il devient son maître absolu, et il a le droit de disposer d'elle comme de sa chose. Quoi qu'elle fasse, *ghéko*, *o-doori*, ou *djoro*[1], elle n'est plus qu'une esclave dont la vie se résume dans le mot obéir; elle agit sous l'impulsion d'un autre, elle exécute ses ordres, elle travaille pour lui, elle ne retient pas une obole de tout l'argent que lui rapporte

---

[1]. Les *ghékos* et *o-dooris* font vœu de chasteté jusqu'à l'époque de leur mariage, qui ne peut avoir lieu que lorsqu'elles sont sorties de la maison de thé. Ce vœu n'est pas toujours tenu, et une infraction est ordinairement jugée avec beaucoup d'indulgence; mais la loi donne au propriétaire d'une chanteuse ou d'une danseuse le droit de la punir sévèrement dans le cas où elle manque à l'engagement qu'il est obligé de lui faire contracter. On trouve des *ghékos* et des *o-dooris* en dehors des maisons de thé, exerçant librement leur profession. Les musiciennes ont, comme les lutteurs, leurs chefs à Yédo ou à Kioto. Certains airs populaires qu'elles jouent sont la propriété de

son malheureux état. C'est donc en réalité une créature fort misérable et qu'il serait inhumain de mépriser, puisqu'elle exerce sans volonté et sans profit pour elle sa honteuse profession. Vers l'âge de vingt-quatre ou vingt-cinq ans, elle devrait, suivant la teneur du contrat qui l'a liée à la maison de thé, être rendue à elle-même et reconquérir son indépendance. Tel n'est pas le dénoûment ordinaire de ces sortes de marchés, à moins qu'elle ne soit laide ou disgraciée de la nature, ce qui est à peu près son unique chance d'être libre au temps fixé. Si au contraire elle est jolie, le maître abuse de son ignorance pour la retenir en son pouvoir; il lui fait contracter des dettes en lui servant une nourriture plus succulente ou en lui vendant des bijoux ou des étoffes plus précieuses qu'il n'est obligé de lui en fournir. Bien peu d'entre elles ont assez de force pour résister à des tentations si attrayantes. Elles s'endettent, et comme elles ne possèdent, au terme de leur engagement, nulle autre chose au monde

---

tout le monde; mais, pour pouvoir en exécuter publiquement certains autres, elles doivent payer un tribut assez fort, espèce de *droits d'auteur*, aux chefs de la musique japonaise. Les principaux instruments de musique sont le *sam-sin*, guitare à trois cordes; le *koto*, mandoline à treize cordes; le grand *sam-sin*, dont on se sert pour l'accompagnement des récits de poëmes épiques; le *kokiou*, violon à quatre cordes; le *biwoua*, guitare à quatre cordes, dont les prêtres seuls ont le droit de jouer; enfin le fifre, le *tam-tam* et la grosse caisse.

que leur corps, elles sont forcées, afin de se libérer, de le vendre pour un nouveau délai. Ainsi, par un enchaînement de circonstances qui les dominent, il arrive ordinairement à ces infortunées créatures de s'éteindre dans la maison même où elles sont entrées petites filles, où elles ont flétri leur jeunesse dans un métier d'ignominie, et où, vieilles et enlaidies, elles trouvent un dernier asile comme servantes (*kots-koï*), comme surveillantes (*o-bassan*); ou comme maîtresses d'école, de danse ou de musique. On en voit çà et là quelques-unes dont les charmes ou les bonnes qualités captivent des hommes qui les rachètent en payant leurs dettes; mais la plupart se résignent à mourir dans l'état où elles ont vécu[1].

Quelques jours après la célébration de la grande *madzouri*, M. W... me dit que son bateau à vapeur *le Saint-Louis*, était prêt à partir. Je pris congé de mes amis de Decima et d'Oora, puis, pour graver dans mon esprit le plus agréable souvenir de la charmante ville que j'allais quitter, je montai pour la dernière fois la colline qui s'élève au midi de

---

1. Les *djoro-jas* (maisons de thé) et toutes les personnes qui les habitent sont placées sous la surveillance de la police. Une *djoro* ne peut se promener dans la rue sans être munie d'un *fouddé*, espèce de passe-port, qui doit être renouvelé chaque mois, et pour lequel le propriétaire de la maison de thé doit payer une somme assez considérable.

Nagasacki et au pied de laquelle a été placé le consulat anglais. C'était au mois d'octobre. La nature n'avait encore rien perdu de sa fraîcheur et de sa vivacité, et déroulait à mes yeux un horizon enchanteur. Parvenu sur une plate-forme située à huit cent pieds au-dessus de la mer, je vis s'étendre à ma droite la magnifique baie de Nagasacki ; elle était couverte de jonques et de navires et sillonnée en tous sens par des barques dont la brise du soir enflait les grandes voiles blanches, et qui glissaient silencieusement sur les eaux d'un bleu profond. A mes pieds étaient Oora avec ses habitations à l'européenne ; Nagasacki avec ses longues rue ses petites maisons blanches, ses innombrables temples dont l'immense toiture étincelait au soleil couchant; puis Decima, la fabrique d'Akonoura, Inassa et l'établissement russe ; et plus loin, au nord de la baie, la vaste plaine, parsemée de bourgades et de chaumières, où j'avais fait de si agréables promenades. A ma gauche, au sud, apparaissaient des îles sans nombre, les unes vertes, cultivées, couvertes de champs, de forêts et de villages, les autres nues et désertes. La mer les entourait toutes comme d'une immense ceinture d'azur et d'argent : elle était belle et caressante et j'oubliais que bien des fois je l'avais vue furieuse, apportant la terreur et la désolation.

Ainsi s'est effacé dans mon esprit ce que j'ai vu

de triste pendant mon séjour au Japon ; mais le souvenir de l'incomparable beauté de ce pays et de sa douce et intelligente population est resté vivant dans ma mémoire.

CHAPITRE IV.

LES ÉTABLISSEMENTS RUSSES SUR LA CÔTE DE LA MANDCHOURIE.

Tsou-sima. — Port-May ou Vladivostock. — Sa garnison. — Les *Mansas*. — Olga-Bay ou Port-Michel-Seymour. — Aspect de la côte de la Mandchourie. — Passiat-Bay. — Koussounaï. — Imperator-Bay. — Doui. — Castries-Bay. — Nikolaïefsk.

C'est à Nagasacki, dans le voisinage du grand centre commercial de Shang-haï, que l'Européen qui projette de visiter les côtes du Japon peut se préparer dans les conditions les plus favorables à ce voyage. Nagasacki est une ville bien connue maintenant des *étrangers*, pour employer le terme qui désigne au Japon comme en Chine les hommes de l'Occident, et ce qui lui vaut cette préférence, ce n'est pas seulement une situation des plus pittoresques, c'est encore un climat d'une incomparable salubrité. A partir de Nagasacki commencent les journées laborieuses d'un voyage autour du Japon. Si on se dirige de cette ville vers Hakodadé, puis vers Yokuhama et Yédo, on ne tarde pas à trouver la nature moins clémente, en même temps que s'accusent plus vivement les défiances et les passions locales.

Nous quittâmes Nagasacki un samedi, le 26 octobre 1861. La matinée était fraîche, presque froide, et à peine eûmes-nous dépassé les deux îlots d'Iwosima, qui masquent l'entrée de la baie de Nagasacki, que la brise, qui soufflait avec violence, nous obligea de quitter le pont et de nous réfugier dans le spacieux salon du *Saint-Louis*. Je m'y trouvai dans des conditions particulières de bien-être: seul passager à bord d'un grand et beau navire, je pouvais y prendre toutes mes aises. J'avais pour compagnons de voyage M. W..., le propriétaire du *Saint-Louis*, homme aimable, intelligent et très-instruit, et le capitaine R..., un vieux marin qui avait navigué sous toutes les latitudes, visité toutes les contrées du globe, et qui à un esprit vif et enjoué joignait une rare expérience et une mémoire prodigieuse. Notre navire portait le pavillon étoilé de l'Union américaine. L'équipage se composait d'Anglais, de Hollandais, d'Américains, de quelques Malais et Chinois et d'un cuisinier noir. Il y avait aussi un matelot français à bord, mais on ne le vit que vers la fin du voyage, au milieu d'une tempête qui nous assaillit dans la mer du Japon. Jusqu'à ce moment, il ne bougea du cachot, se refusant obstinément à travailler, vivant de biscuit et d'eau, et passant la journée à jurer, à crier, à chanter. Il n'est point facile, lorsqu'on n'a pas vécu parmi eux, de comprendre à quel degré les matelots poussent quelquefois l'entêtement ; pendant longtemps, tous les efforts pour leur faire entendre raison restent vains, et c'est seulement lorsque de dures privations, des châtiments sévères, ont affaibli leurs forces physiques, que, vaincus sans être domptés, ils redeviennent dociles.

A quatre heures de l'après-midi, nous nous trouvions en pleine mer, hors de ce réseau d'îles et d'îlots qui s'étend le long des côtes du Japon et qui rend la navigation de ces parages aussi pénible que dangereuse. Le vent était devenu favorable, et nous voguions rapidement vers Tsou-sima, la première halte de notre voyage. Cette île est éloignée d'environ cent milles de Nagasacki par le nord-nord-ouest. Gouvernée par un prince tributaire du taïkoun, elle n'est pas ouverte au commerce étranger. Un peu auparavant, elle avait été visitée par des navires de guerre russes, et cette apparition inattendue avait donné lieu à de nombreuses conjectures sur la politique moscovite dans l'extrême Orient. Tsou-sima est d'une haute importance au point de vue stratégique et commercial. C'est en même temps une des plus belles îles du Japon, habitée par une population nombreuse, riche et intelligente. Située entre la Corée et l'archipel japonais et divisant le détroit de Corée en deux passes, celle de Broughton à l'ouest et celle de Krusenstern à l'est, elle commande l'entrée méridionale de la grande mer intérieure appelée *Mer du Japon*. Cette mer est devenue d'un grave intérêt pour la Russie, car elle baigne une partie des vastes territoires dont le général Ignatief, ministre plénipotentiaire du tsar, a su arracher la possession à la faiblesse de la cour de Pékin lors de la conclusion des derniers traités entre la France, l'Angleterre et la Chine.

Quelque temps avant notre départ de Nagasacki, au mois d'août 1861, l'amiral anglais sir James Hope croisait sur la côte occidentale du Japon; ayant fait relâche à Tsou-sima, il y trouva, à son extrême surprise, trois bateaux à vapeur russes. En procédant dès lors à une inspection plus exacte de la baie, il découvrit que les Russes avaient formé un véritable établissement sur la côte, dans le voisinage de Fat-chou, chef-lieu de l'île. Comme ce port n'était pas compris dans le nombre de ceux que les traités venaient d'ouvrir aux étrangers, l'amiral pensa qu'il avait le droit de s'informer dans quel dessein les Russes avaient débarqué là plutôt qu'ailleurs. Ils répondirent qu'ils étaient occupés à relever une carte marine, et que l'entretien des nombreux malades qui encombraient le pont de leurs navires les avait forcés de s'installer à terre, que du reste ils ne prolongeraient guère leur séjour à Fat-chou, et qu'ils ne tarderaient pas à se rembarquer. Les Japonais de leur côté, questionnés à ce sujet, n'avaient point donné de la présence des Russes une explication aussi naturelle, et ils s'étaient même montrés un peu inquiets de ce voisinage. Sir James Hope s'empressa de rapporter cette nouvelle à Shang-haï. Aussitôt, par l'organe du *North China Herald*, du *Daily Press* et des autres journaux de la Chine, elle se répandit parmi les communautés étrangères. A quelque temps de là, on apprit que les Russes, ne se souciant probablement pas d'attirer sur eux l'attention d'un public très-soupçonneux et très-clairvoyant, avaient subitement pris le parti d'abandonner leur récente conquête. Ils ne s'éloignèrent pas d'ailleurs sans protester de leurs intentions pacifiques et sans rejeter sur les Anglais eux-mêmes le projet d'établissement qu'on leur avait prêté, projet dont la présence des bâtiments russes dans les eaux de Tsousima aurait fait avorter l'exécution. Quoi qu'il en soit de ces griefs réciproques, l'île devait à la jalouse surveillance dont les Anglais et les Russes s'honoraient à l'envi d'être délivrée de ses envahisseurs et d'appartenir de nouveau et tout entière à ses maîtres naturels.

Nous ne connaissons rien du dénoûment de cette affaire, et, en approchant de Tsou-sima, nous explorions à l'aide de nos lunettes la mer et le rivage dans l'espoir d'apercevoir à l'horizon les couleurs du pavillon moscovite. La baie était sillonnée de jonques et de bateaux de pêche, les anses de la côte abritaient des bâtiments japonais de toute espèce, mais nous ne vîmes aucun navire européen. Nous reportâmes alors toute notre attention sur la contrée qui se déroulait à nos yeux : à première vue, elle nous parut être digne des éloges que lui ont prodigués les rares voyageurs qui l'ont visitée en passant.

L'île de Tsou-sima s'étend dans la direction du nord au sud, entre les degrés 129-130 de longitude est et 34-35 de latitude nord, sur une longueur de trente-six milles ; sa largeur moyenne est de huit milles. Un bras de mer la divise en deux parties à peu près égales, et qu'on a nommées Tsou-sima du nord et Tsou-sima du sud ; ce détroit, large à l'occident, mais resserré et non navigable de l'autre coté, forme un golfe magnifique au fond duquel a été bâtie la ville de Fat-chou. Elle compte quelques milliers d'habitants, et sert de point de transit aux relations commerciales que le Japon entretient avec la Corée. Tsou-sima est de formation volcanique. Le climat est sain et tempéré. Le paysage, riche et varié, présente une succession de montagnes et de collines cultivées, boisées et coupées de vallons qu'arrosent des rivières limpides. Au centre de l'île, à une hauteur considérable au-dessus de la mer, on trouve des lacs dans le voisinage desquels règne sans cesse, même pendant les plus fortes chaleurs de l'été, une température agréable. Tsou-sima est un des endroits les plus salubres de l'extrême Orient; mais cette île est trop éloignée et de Shang-haï et de Saïgon pour que l'acquisition en puisse être désirable pour les Anglais ou les Français. Les Russes au contraire s'en accommoderaient volontiers, et y trouveraient un point de relâche on ne peut mieux placé sur leur chemin, lorsqu'ils se rendent de la Chine à leurs possessions de la Mandchourie et de l'Amour.

Nous quittâmes le golfe de Fat-chou après nous y être arrêtés pendant quelques heures; le soir de notre départ, nous avions perdu l'île de vue, et le lendemain matin, 28 octobre, nous étions loin de la terre, et nous naviguions dans la mer du Japon. Sous ce nom, il faut entendre plutôt un immense lac qu'une mer, car les îles Saghalien, Yézo, Nippon, Kiou-siou, la presqu'île de Corée et la côte de la Mandchourie l'enferment presque entièrement.

Son étendue est de neuf cents milles de long sur quatre cents de large. Nous y passâmes près de cinq jours, ne voyant qu'une fois terre (l'île Dagilet), et nous arrivâmes le 1er novembre devant le port russe de Vladivostock, situé sur la côte de la Mandchourie à la pointe méridionale de la péninsule Mouravief (*Albert-Peninsula* sur les cartes anglaises), entre 131° 58′ de longitude est et 43° 3′ de latitude nord. L'entrée de Vladivostock ou *Port-May*, comme les Anglais l'ont appelé du nom d'un de leurs officiers de marine, est difficile. Après avoir doublé la pointe de l'Aiguille, on pénètre dans un canal, le détroit de Hamelin, qui sépare la péninsule Mouravief de la petite île Poutiatine.

Le détroit de Hamelin contient quatre ports assez spacieux; mais le dernier seulement, celui de Vladivostock, est fréquenté par les bâtiments russes. La passe de ce port n'a qu'un demi-mille de large; elle est remarquable par les masses rocheuses qui en défendent les abords et qu'une action volcanique a étrangement déchirées. Vladivostock a l'étendue du port de Nagasacki : il a un peu plus de trois milles de long, de l'ouest à l'est, sur trois quarts de mille de large, et il est abrité contre tous les vents. Les collines qui l'entourent sont d'une hauteur médiocre : elles ne s'élèvent guère à plus de trois cents pieds au-dessus de la mer, et dans beaucoup d'endroits elles s'abaissent au point de se confondre avec la plage même. On y voit une maigre végétation ; quelques bouquets de chênes, de pins, de bouleaux, de frênes et de noyers les couvrent çà et là. Tout est triste et morne. Il n'y a dans les environs aucune trace de culture, et les pauvres habitations qui composent l'établissement russe semblent perdues dans l'immense solitude qui les environne. En été, lorsque tout s'épanouit et que les vastes plaines forment un tapis de verdure, le paysage peut être agréable ; mais nous sommes loin des automnes verdoyants de Nagasacki : ici, dès la fin d'octobre, l'hiver règne, il fait un froid piquant ; les arbres, dépouillés de leurs feuilles, sont couverts de givre, et nous n'apercevons d'autres êtres vivants que des corbeaux dont le croassement ajoute encore au caractère lugubre du paysage.

L'établissement russe de Vladivostock se composait en novembre 1861 (et probablement rien n'y a été changé depuis) de neuf maisons en bois et d'une maison en pisé, habitées par deux officiers et soixante-dix soldats. Ces pauvres gens mènent là une triste vie, et je n'ai pu m'empêcher de les plaindre et d'admirer le courage résigné avec lequel ils supportent leur exil. Dès que *le Saint-Louis* eut jeté l'ancre, on appareilla une chaloupe et nous nous rendîmes à terre. A peine avions-nous mis le pied sur la plage que nous vîmes sortir de la plus belle maison un jeune homme en uniforme d'officier de marine, qui venait au-devant de nous d'un pas rapide. Il nous aborda avec cette politesse tout à la fois cérémonieuse et empressée qui est particulière à certaines classes de la société russe, et nous pria d'entrer dans sa demeure. C'était une maison bâtie en fortes murailles de pisé et couverte d'un toit de chaume. Un matelot nous ouvrit la porte, fit le salut militaire et nous conduisit au salon. La pièce qu'on décorait avec ce titre était une grande chambre basse, blanchie à la chaux et chauffée par un énorme poêle ; les fenêtres étaient fermées, et sur toutes les fentes ou rainures on avait collé de larges bandes de papier ; la porte était garnie d'épais bourrelets. Il fallait que le froid fût bien intense au dehors pour qu'on en ressentît les atteintes dans une chambre si hermétiquement calfeutrée. Il y régnait une atmosphère lourde, une chaleur épaisse qui portait à l'indolence. L'ameublement était des plus simples : à peu près au centre, une table ronde couverte d'un vieux tapis ; sur cette table, des verres et des tasses, des cigares et des *papyros* (cigarettes), un livre ouvert et quelques journaux : derrière la table, un sofa qui portait les traces d'un long usage ; dans un autre coin, une sorte de guéridon carré pour écrire, et dessous, en manière de tapis, une magnifique peau d'ours sur laquelle on n'avait jamais mis les pieds ; au-dessus du guéridon, accrochée à la muraille, pendait une bibliothèque volante contenant des traités de navigation et de météorologie, et aussi quelques romans français. Près d'une fenêtre, il y avait encore une table, œuvre de quelque matelot, et sur ce meuble à peine dégrossi, ainsi que sur le rebord de la fenêtre, on voyait pêle-mêle des casquettes d'uniforme, une blague à tabac, des boîtes à cigares et plusieurs volumes dépareillés des œuvres de Pouchkine, Gogol, Lermontof et Krylof. Le long des murs, on avait suspendu de mauvaises estampes représentant le tzar et des membres de la famille impériale; ces portraits officiels alternaient avec ceux des parents et amis du maître de la maison, reproduits par la photographie. Un trophée d'armes décorait un autre côté du salon : il se composait d'une bonne carabine et d'un revolver, de deux sabres d'officier, d'une paire de pistolets, d'une casquette d'ordonnance, d'une paire d'éperons, d'une cravache et d'une lunette marine ; un baromètre à droite et un thermomètre à gauche complétaient ce trophée, qui n'avait aucune prétention à l'effet pittoresque.

Notre hôte fit les honneurs de son logis avec une politesse extrême. Il nous offrit des cigares et des cigarettes, fit apporter du vin, de l'eau-de-vie et du thé, et ne prit place sur la plus mauvaise chaise de la chambre qu'après nous avoir commodément installés sur le sofa et sur un vaste et confortable fauteuil qui faisait encore partie du mobilier. Bientôt un jeune homme entra : c'était un officier de la petite garnison et l'unique compagnon d'exil de notre hôte, qui remplissait à Vladivostok les fonctions de gouverneur. Ce dernier était un homme d'une trentaine d'années, à la figure mobile et intelligente, mais assombrie par l'ennui de l'isolement. Il ne laissa pourtant échapper aucune plainte : c'est avec une mâle résignation qu'il paraissait supporter son triste sort. Il prêta une oreille attentive aux nouvelles que nous lui apportions, et se confondit en remercîments pour un paquet de journaux anglais et français qu'on lui laissa. Depuis quatre mois, il ne savait absolument rien de ce qui se passait au dehors, et encore ce qu'il avait appris de plus récent remontait presque à une année. Mes compagnons de voyage ayant manifesté l'intention de faire un tour de chasse, il sortit avec eux, et je demeurai en tête-à-tête avec le lieutenant de Vladivostok. C'était un adolescent qui comptait vingt ans à peine et qui avait l'air souffrant et fatigué ; mais quand je me permis de l'interroger sur le genre de vie qu'il menait, il ne voulut pas convenir qu'il était rongé d'ennui. « La besogne ne nous manque pas, dit-il. Il faut surveiller la conduite des soldats, la construction des maisons nouvelles, la culture des champs et des jardins ; tout cela exige du temps, et nous ne l'épargnons pas, car ce que nous faisons, nous le faisons lentement, à notre aise. Si la saison le permet, nous entreprenons des excursions dans l'intérieur, nous allons chasser; le gibier à poil et à plumes n'est pas rare ici : outre les perdrix, canards, bécassines et faisans, il y a les lièvres, les renards et les hermines, et dans les jours de chance on peut tuer un ours ou rencontrer un tigre[1]. Pendant l'hiver, le froid est très-rude, et la neige, qui tombe en abondance, nous emprisonne dans nos demeures. Nous restons alors où il fait chaud. Les journées sont courtes. On dort beaucoup; on fume et on lit tant qu'on peut, on goûte longuement les plaisirs de la table. Un jour succède à l'autre; les semaines, les mois s'écoulent sans qu'on s'en aperçoive. On ne s'amuse guère, il est vrai, mais on ne s'ennuie pas non plus; on vit à peine. Un beau matin le soleil du printemps rayonne à travers les vitres; on s'éveille comme d'un long sommeil, et on oublie volontiers qu'on est resté presque mort pendant six mois. »

Dans l'opinion des Russes, Vladivostock passe pour le principal des ports qu'ils possèdent sur la côte de la Mandchourie, parce qu'il serait aisé, sans trop de dépenses, de le mettre en communication avec le fleuve Amour et de le rattacher par là à la

---

1. Le tigre de ces parages est de même espèce que celui du Bengale. C'est du moins ce que m'a affirmé le savant botaniste Maximovitch, qui a exploré la Mandchourie et les dépendances du fleuve Amour avec beaucoup de succès.

mère patrie. Il suffirait, pour atteindre ce résultat, d'ouvrir une route qui relierait le fleuve Sin-fui, tributaire du port de Vladivostock, au lac Hankaï. Les navires frétés pour Nikolaïefsk, dont les glaces interdisent l'accès durant la moitié de l'année, débarqueraient alors à Vladivostock leur cargaison, composée d'articles européens destinés à la population de Nikolaïefsk et de produits japonais et chinois destinés à la Russie occidentale. Ces marchandises, une fois parvenues au lac Han-kaï, seraient facilement transportées au fleuve Amour, qui communique avec ce lac au moyen des rivières Sungatchi et Oussouri.

Autour de Vladivostock s'étendent de belles prairies, et dans les environs, à Albert-Peninsula, on trouve de beaux bois de construction. On y a découvert aussi du minerai d'or ; mais jusqu'à présent prairies, bois et métaux ne servent à rien, car Vladivostock, comme toute la côte de Mandchourie, est totalement dépourvu de relations commerciales avec le reste du monde, et ne renferme qu'une population misérable et clair-semée. Dans l'établissement même et dans le voisinage, il y a quelques centaines de Chinois de la pire espèce : on les appelle *Mansas*. Ce sont la plupart du temps des prisonniers évadés des colonies pénales et militaires du nord de la Chine, qui ont passé en Mandchourie l'un après l'autre, sans argent, sans famille, et qui tirent de la chasse et de la pêche leurs maigres moyens d'existence. Dans certains endroits, ils se sont groupés en villages et se livrent aux travaux de la campagne; d'ordinaire on les rencontre isolés ou par troupes de trois ou quatre. Ils observent entre eux les lois de l'hospitalité ; mais, condamnés à vivre au ban de la société, sans femmes ni enfants, ils sont descendus au plus bas degré de l'échelle des créatures humaines, et restent plongés dans un état de dépravation abjecte. Ils sont d'ailleurs vigoureux, patients et résignés, et dans les rares relations qu'ils ont nouées avec les Russes, auxquels ils vendent des fourrures et du *gin-seng* [1], ils se montrent animés de cet esprit commercial qui caractérise leur race entière. Je vis quelques *Mansas* à bord du *Saint-Louis*; ils apportaient des fourrures qu'ils désiraient échanger contre du riz ou contre de l'argent en barre. Ils étaient hideux de saleté et de laideur, et il y avait dans leur regard farouche et craintif quelque chose de la bête fauve. Le gouverneur de Vladivostock nous dit que, somme toute, c'étaient des êtres inoffensifs, bien qu'il ne fallût pas se fier à leur honnêteté. Il tolérait volontiers leur présence dans les environs de la colonie, et les trouvait toujours prêts à lui rendre, pour la plus modique rétribution, tous les services dont ils étaient capables.

---

1. Racine comestible très-recherchée des Chinois.

« Ce sont des hommes infatigables, ajouta-t-il, et qui aiment assurément le travail. S'il était possible de leur procurer des femmes et de pourvoir aux frais de leur établissement, ils ne tarderaient pas à former de pacifiques communautés de laboureurs et de trafiquants. Ces pauvres diables mènent une existence dure et chétive, et n'attachent aucun prix à la liberté complète que leur assurent leurs habitudes nomades. Ils me servent avec zèle, et ceux que je garde près de moi, bien que je ne puisse rien leur donner, excepté le logement et la nourriture, sont regardés comme les plus favorisés de leur tribu. »

Nous quittâmes Vladivostock dans la soirée du 3 novembre. Notre séjour, quoique de courte durée, avait pourtant suffi à établir une certaine intimité entre nous et les deux officiers que nous y laissions. Jusqu'au dernier moment, ils restèrent à bord du *Saint-Louis*, et je m'aperçus que notre départ leur causait une véritable peine. Nous étions pour eux les représentants de ce monde lointain où ils avaient laissé leurs affections et leurs espérances ; nous allions y revenir, et notre départ les abandonnait de nouveau à l'isolement et à l'accablant ennui qui dévorait leur existence monotone. Ils se retirèrent enfin et regagnèrent le rivage. Là, ils s'arrêtèrent et suivirent des yeux le bâtiment qui s'éloignait lentement. Aussi longtemps qu'il me fut possible de distinguer la terre, je les vis à la même place, immobiles, debout, semblables à des statues. Le jour baissait rapidement, et la nuit les enveloppa bientôt dans ses ombres; mais ma pensée ne les avait pas quittés, et je crus les voir rentrer silencieux et tristes, poursuivant encore les souvenirs qui s'étaient réveillés en eux pendant notre rapide séjour.

Olga-Bay, port russe que les Anglais ont baptisé du nom de Port-Michel-Seymour, se trouve entre 38° 46′ de latitude nord et 135° 19′ de longitude est, à une distance de cent quatre-vingt-dix milles de Vladivostock. Pendant la traversée, nous ne perdîmes pas un instant de vue la côte de la Mandchourie; elle est formée par une chaîne non interrompue de montagnes hautes de quinze cents pieds environ, et qui se relie à une autre chaîne beaucoup plus élevée, dont la crête est couverte de neige et dont les sommets se perdent dans les nuages. Ces montagnes se composent de masses rocheuses noirâtres, escarpées, arides, couronnées çà et là de bouquets de bois, flanquées d'arbres rabougris et tachées par larges plaques d'une mousse jaunâtre; mais nulle part on n'y découvre vestige d'habitation. Les anses et criques qui découpent le rivage en festons infinis sont également désertes, et tout respire la tristesse et l'abandon. Olga-Bay, long de plus de deux milles, large d'un mille et demi, présente un bon refuge aux navires, excepté contre les ouragans du sud-est. L'entrée du port est facile et sûre; elle est formée de rochers à pic et masquée par une île granitique nue et aride, appelée l'île de Brydone. Le paysage d'Olga-Bay ressemble à celui de Vladivostock. En hiver, la solitude et l'ennui l'enveloppent d'un double linceul. Une grande rivière, Gilbert-River, se jette dans l'angle nord-ouest du port; elle coule dans un lit profond, resserré entre de hautes montagnes, et se divise, à quelques lieues de son embouchure, en plusieurs affluents qui cessent d'être navigables. Au nord-est se trouve un petit port intérieur dont la barre interdit l'approche aux bâtiments qui tirent plus de quatorze pieds d'eau. C'est sur les bords de ce havre que les Russes se sont établis; leur colonie se compose de deux officiers et de quarante-cinq soldats logés dans une douzaine de baraques en bois. Quant à la population indigène que l'on rencontre aux environs d'Olga-Bay, elle appartient à la race tartare. Au point de vue de la moralité, elle est supérieure aux Mansas de Vladivostock; mais elle est tellement pauvre, ignorante et sauvage, et de plus tellement clair-semée, que les Russes ont jusqu'à présent dédaigné d'entamer des relations avec elle.

Les environs d'Olga-Bay sont fertiles. On y trouve de grandes prairies d'une fécondité admirable et des forêts de bois de construction où vivent des milliers de bêtes à fourrures précieuses, et où les rares chasseurs qui ont pénétré dans ces solitudes ont rencontré du gibier en abondance. Ce qui manque au pays, ce sont des relations avec le monde européen, et des travailleurs capables d'exploiter ses richesses. Le gouvernement russe aurait, à ce qu'on m'a raconté, l'intention d'envoyer à Olga-Bay quelques centaines de colons; mais l'immense désert qu'il s'agirait de soumettre à l'exploitation serait un obstacle presque insurmontable au succès de leurs efforts. D'ailleurs Olga-Bay est loin d'avoir l'importance spéciale qui s'attache à Vladivostock. On ne pourrait, sans frais énormes, mettre ce port en communication avec la Sibérie, et tôt ou tard il sera probablement abandonné; les colons d'Olga-Bay viendront se réunir à ceux de Vladivostock, le seul port de la Mandchourie auquel un certain avenir semble réservé [1]. La vie qu'on y mène est d'une mo-

---

[1]. Outre Vladivostock et Olga-Bay, les Russes possèdent, sur la côte de la Mandchourie et sur la côte occidentale de la grande île de Saghalien, Passiat-Bay, Koussounaï, Imperator-Bay, Doui, Castries-Bay et Nikolaïefsk. — A Passiat-Bay, sous 42 degrés de latitude nord, on a trouvé de la houille. Koussounaï et Doui, dans l'île de Saghalien, n'offrent aucun abri aux navires ; on y a établi des postes militaires, à Koussounaï (48 degrés de latitude nord) pour surveiller la frontière japonaise, à Doui (51 degrés) à cause des mines de charbon qu'on y a découvertes. La colonie d'Imperator-Bay possède un excellent mouillage; mais elle est sans communications avec l'intérieur, et un faible détachement de soldats suffit à la garder. Castries-Bay (52 degrés) est, après Vladivostock, le port le plus considérable que

notonie accablante, et ne peut être supportée que par des hommes d'un caractère énergique et bien trempé, ou par des barbares qui sont étrangers aux besoins et aux sentiments des civilisés. Nous rencontrâmes à Olga *le Japonitz*, bateau à vapeur russe chargé du service postal entre Nikolaïefsk et Shang-

les Russes possèdent dans ces parages; il est relié par une route facile au lac Kisi, d'où, avec de légères embarcations, on peut gagner le fleuve Amour. Les Russes se sont établis à Castries et à Imperator en 1854, à Doui en 1856, à Koussounaï en 1857, à Olga en 1858, enfin à Passiat et à Vladivostock en 1860. La nécessité de tous ces établissements n'est pas encore bien démontrée, car Nikolaïefsk même, sur l'Amour, la seule grande ville des Russes dans cette partie du monde, est loin d'avoir acquis beaucoup d'importance commerciale. La fondation de ces colonies lointaines n'aura sa raison d'être pour la Russie que lorsque les projets du gouvernement des tzars sur la Chine et le Japon auront pris une certaine consistance. Les richesses naturelles de la Mandchourie ne sont qu'incomplétement connues, et l'exploitation serait entourée d'immenses difficultés. J'ai déjà parlé des houillères de Passiat-Bay et de Doui; j'ajoute qu'on a découvert du marbre à Olga-Bay et du minerai d'or à Vladivostock. Le bois de construction abonde dans l'intérieur de la Mandchourie, et le commerce des pelleteries donnerait, si on l'entreprenait, des résultats satisfaisants. Le grand obstacle à la civilisation de ces vastes contrées, l'obstacle qui, pendant fort longtemps encore, demeurera insurmontable, c'est l'insuffisance de la population. Au nord, on rencontre quelques tribus errantes, les Guilakes, les Toungouses et les Orotches, qui, à la hauteur d'Olga-Bay, se mêlent un peu aux Chinois. Au sud d'Olga et sur la côte, on ne trouve que des *Mansas*. Le botaniste Maximovitch estime que toute la population indigène des côtes de la Mandchourie, depuis le 42ᵉ jusqu'au 52ᵉ degré de latitude nord, n'excède pas le chiffre d'*un millier* d'individus.

haï, et qui visite une fois par an les établissements de Castries, d'Imperator-Bay, de Doui, de Koussounaï, de Hakodadé, d'Olga-Bay, de Vladivostock et de Passiat-Bay. Le *Japonitz* arrivait alors de Hakodadé et apportait à la garnison d'Olga des nouvelles dont la plus récente avait six mois de date.

Pendant la traversée d'Olga-Bay à Hakodadé, nous essuyâmes une tempête violente qui mit *le Saint-Louis* en danger, et lui enleva son grand mât et son mât de misaine. Les réparations qu'exigea ce désastre nous obligèrent de prolonger pendant cinq semaines notre séjour à Hakodadé. J'eus ainsi l'occasion d'ajouter un certain nombre de faits nouveaux aux observations que j'avais recueillies lors d'une première visite à cette ville, et je pris principalement pour l'objet de mes études la race des Aïnos, les habitants les plus anciens de l'île de Yézo dont Hakodadé est le chef-lieu.

CHAPITRE V.

YÉZO.

Ses habitants. — Les Aïnos. — Leur aspect, caractère, langue, religion et origine. — Hakodadé. — La rade et la ville. — Ses habitants japonais et étrangers.

L'île de Yézo est une conquête du Japon sur un peuple jadis puissant et nombreux, mais singulièrement déchu aujourd'hui. Placée au nord de la grande île de Nippon, elle en est séparée par le détroit de Tsougar. Elle a la forme d'un triangle irrégulier, et occupe une surface montagneuse d'environ trente mille milles carrés. On n'y compte guère plus de cent mille Japonais et de cinquante mille indigènes nommés Aïnos. Le taïkoun, chef du pouvoir exécutif au Japon, possède en particulier à

Yézo un territoire d'une faible étendue, mais sur lequel se trouve la grande cité d'Hakodadé. Le plus puissant feudataire de Yézo est le prince de Mats-maï, vassal lui-même du taïkoun. Ses domaines couvrent au sud-ouest une bonne partie de l'île, et forment une principauté dont la capitale, Mats-maï, à l'une des extrémités du détroit de Tsougar, renferme de dix à quinze mille habitants. Cette ville, n'ayant pas été comprise parmi les ports ouverts aux Européens, n'est guère connue que de nom. Un marchand étranger que l'amour du négoce et des aventures avait poussé à Mats-maï, et qu'on y avait retenu prisonnier pendant quelques jours, m'a raconté que, semblable aux autres cités japonaises, cette ville était propre et bien tenue, et qu'elle contenait, outre les édifices destinés au prince et à sa suite, un grand nombre de temples. Le reste de Yézo, c'est-à-dire ce qui n'appartient ni au taïkoun ni au prince de Mats-maï, est divisé en portions à peu près égales entre les sept grands princes du nord de Nippon, à la charge d'entretenir à frais communs, pour la défense de l'île entière, une garnison de huit mille soldats qui occupent des postes militaires échelonnés autour des côtes.

La population japonaise de Yézo est répartie dans ces deux villes de Hakodadé et de Mats-maï, ainsi que dans d'autres centres d'une moindre importance, et qui se sont formés en grande partie dans le sud. Sans négliger le commerce et l'agriculture, cette population se livre principalement à la pêche et en tire un revenu considérable, car le poisson abonde tellement dans ces parages qu'une nombreuse flottille d'embarcations marchandes est employée durant l'année entière à le transporter dans les ports de l'île de Nippon.

Dans l'intérieur de Yézo, on rencontre les Aïnos. Sans le témoignage de l'histoire, il serait impossible, en voyant leur condition actuelle, de reconnaître en eux les anciens maîtres de l'île. Ils vivent éloignés des côtes où se trouvent les grandes villes, et ne s'y montrent qu'au printemps et en automne pour y troquer des fourrures et du poisson contre du riz et des étoffes. Leurs habitudes, les traits de leur visage, leur idiome, tout annonce qu'ils descendent d'une race particulière, tout à fait différente de la race japonaise, et dont l'origine, inconnue jusqu'à ce jour, rattache cette population à quelque famille du continent asiatique. Ils sont en général petits, trapus, mal faits, mais d'une grande force. Leur front est large et proéminent, leurs yeux noirs et doux sont droits comme ceux des hommes d'Europe. Ils sont de couleur blanche, quoique de teint basané ; mais une particularité caractéristique de leur physionomie, et qui contribue à leur donner un aspect sauvage, c'est le développement qu'ils laissent prendre à leur énorme chevelure : ils ont les cheveux abondants et touffus, la barbe épaisse, et souvent le corps tout hérissé de poils. Ce sont des êtres doux et bons, et, en les regardant de près, on démêle facilement sur leurs grosses figures barbues l'expression de leur caractère. Les femmes, que la nature n'a déjà pas trop bien traitées, semblent avoir pris plaisir à s'enlaidir encore en adoptant une mode qui rappelle celle des dents noircies chez les Japonaises : elles se peignent en bleu les contours de la bouche, depuis le nez jusqu'à la fossette de la lèvre inférieure. Le costume des Aïnos diffère peu de celui que porte le bas peuple au Japon : il se compose, pour les hommes, de pantalons collants et d'un ample vêtement retenu par une ceinture, et, pour les femmes, d'une ou de plusieurs robes longues, suivant la saison. On fabrique ces habillements de la façon la plus grossière ; il y en a qui sont simplement tressés de paille et d'algues marines. Les petits enfants ont un air vif et intelligent qui s'efface à mesure qu'ils avancent en âge. Tant qu'ils n'ont pas la force de marcher, on les porte à califourchon sur les hanches ; si la traite est longue ou fatigante, on les place dans un filet rejeté en arrière et dont les deux bouts viennent s'attacher sur le front du porteur.

La langue des Aïnos n'a pas encore été, à ce que je crois, l'objet d'une étude spéciale en Europe, et on ne l'a rapprochée jusqu'à présent de nulle autre langue connue. Il est d'ailleurs bien difficile d'en fixer les termes, puisque ceux qui la parlent ne savent ni lire ni écrire et qu'ils ne possèdent aucun document littéraire [1]. Ils ont cependant gardé par tradition la mémoire de quelques grands poëmes, notés par des Japonais, et dans lesquels on célèbre fréquemment les combats soutenus contre des ours et des poissons monstrueux [2]. L'ours et le poisson, qui représentent la chasse et la pêche, c'est-à-dire la vie entière des Aïnos, se retrouvent dans la religion grossière qu'ils professent. Leur principale divinité, c'est l'ours. La conquête japonaise a introduit dans leur culte quelques éléments du bouddhisme; mais ils sont tellement mélangés à l'idolâtrie des Aïnos qu'on en reconnaît à peine la trace. De leurs cérémonies, une des plus curieuses est celle qui accompagne la dissection d'un ours tué à la chasse; on n'y procède qu'avec un profond respect, et en adressant force génuflexions et prières à

---

[1]. J'ai pu me procurer à Hakodadé un *Dictionnaire de la langue des Aïnos* (en Japonais), par Jashiro-tsoné-notské, officier japonais (6 vol. petit in-8°, ensemble 600 pages), et je dois à un savant missionnaire, M. l'abbé Mermet, un extrait de la traduction qu'il a faite de cet ouvrage. Voici quelques mots de cette langue bizarre : *chiné-ppou*, un; *tso-ppou*, deux; *ré-ppou*, trois; *innés-ppou*, quatre; *askiné-ppou*, cinq; *rikita*, le ciel; *chirika*, la terre; *bé*, l'eau; *bekrets-housoup*, le soleil; *konnets-housoup*, la lune; *kimta*, montagne; *habo*, mère; *menoko*, femme; *kokou*, mari; *tekki*, la main; *kemma*, le pied, etc.

[2]. M. l'abbé Mermet prépare une traduction de ces poëmes.

la divinité défunte. La tête de la bête est sacrée; au lieu de la manger, on la suspend au seuil de la porte en guise de talisman contre l'influence des mauvais esprits.

Les Aïnos nous offrent en plein dix-neuvième siècle l'image d'un peuple qui n'est pas sorti de la première enfance de l'humanité. Ils vivent en sociétés de dix ou vingt familles, et se laissent facilement gouverner par des chefs de leur propre sang, dont le pouvoir est héréditaire, mais très-limité, puisqu'à la race conquérante seule appartient la juridiction officielle. Leurs habitations ne contiennent que quelques ustensiles de chasse, de pêche et de cuisine. Leurs mœurs sont extrêmement douces, hospitalières, bienveillantes, craintives même, et contrastent singulièrement avec les métiers dangereux qu'ils exercent. La monogamie, qu'ils paraissent avoir mise en pratique au temps de leur indépendance, a disparu devant les usages japonais; aujourd'hui tout Aïnos a le droit de posséder autant de femmes qu'il en peut nourrir. La célébration du mariage ne diffère pas beaucoup de la cérémonie adoptée par les Japonais. La dot de la fiancée consiste en ustensiles de pêche et de chasse et en une plus ou moins grande quantité de poissons secs et de fourrures, principales richesses des Aïnos.

Dans l'histoire de ce peuple déchu, il y a bien peu d'époques certaines; eux-mêmes ne savent à

peu près rien de leur passé, mais ils se souviennent que leurs ancêtres ont été les maîtres du Japon, et ils débitent sur leur propre origine une légende bizarre, qui n'est pas sans quelque ressemblance avec l'histoire de la création du genre humain telle qu'elle s'est formée chez les peuples d'Occident [1].
« Aussitôt après que le monde fut sorti des eaux, disent-ils, une femme vint s'établir dans la plus belle des îles que devaient habiter les Aïnos ; elle arriva sur un navire que les vents et les vagues propices avaient poussé de l'Occident vers l'Orient, et apporta avec elle des arcs, des flèches, des lances, des couteaux, des filets, tous les engins nécessaires pour chasser les bêtes fauves qui infestent les forêts, et pour ravir à leur élément les poissons qui remplissent la mer et les fleuves. Pendant une longue suite d'années, cette femme vécut seule et heureuse dans un jardin qui existe encore, mais dont nul être vivant ne retrouvera jamais la place. Un jour, en revenant de la chasse, elle se sentit fatiguée, et, pour se délasser, elle alla se baigner dans la rivière qui séparait ses domaines du reste du monde. Soudain elle aperçut un chien qui nageait vers elle avec rapidité ; effrayée, elle sortit de l'eau et se cacha

---

[1] Cette légende m'a été communiquée par M. l'abbé Mermet, qui l'avait recueillie lui-même de la bouche des Aïnos, et qui a retrouvé des allusions à cette fable dans certains livres historiques des Japonais.

derrière un arbre. L'animal la suivit et lui demanda pourquoi elle s'était enfuie ; elle répondit qu'elle avait eu peur. « Laisse-moi rester auprès de toi, dit alors le chien, je serai ton compagnon, ton protecteur, et tu ne craindras plus rien. » Elle y consentit, et de l'union de ces deux créatures naquirent les Aïnos, c'est-à-dire *les hommes.* »

A cette fable ils en joignent plusieurs autres affirmant toutes que les Aïnos qui peuplent aujourd'hui l'archipel des Kouriles, dont Yézo est l'île la plus méridionale, sont venus de l'Occident. C'est en effet sur le continent asiatique et probablement dans l'intérieur des terres qu'il faut chercher leur origine ; il est certain qu'ils ne ressemblent point à leurs voisins, Guilakes, Tongouses, Mandchoux, et autres peuplades répandues en ce moment sur la côte orientale du nord de l'Asie. Cette race, entièrement isolée, s'éteint à présent ; écrasée sous le joug impitoyable des Japonais, réduite à un état de misère et de servitude qui a étouffé en elle l'instinct même du progrès, elle descend d'un pas rapide dans la grande tombe des races vaincues et disparues, où elle reposera bientôt à côté de ses voisins et compagnons de souffrances, les Kamtchadales et les Indiens de l'Amérique du Nord. Elle a vécu pourtant avec quelque gloire. Dans les temps les plus reculés, six siècles avant Jésus-Christ, les Aïnos étaient maîtres des provinces du nord de la grande île de Nippon, et sous le règne du premier mikado Sin-Moun les Japonais les traitaient comme des égaux, sinon comme des maîtres; mais leur force s'abâtardit dans leur commerce avec les Japonais. Peu à peu ils perdirent terrain, pouvoir et influence, et, forcés de repasser le détroit de Tsougar, ils se bornèrent à leur ancienne possession des Kouriles. Les Japonais finirent par les poursuivre jusque dans cet archipel : un de leurs généraux leur fit une longue guerre et les soumit, vers la fin du quatorzième siècle, au gouvernement impérial. Depuis cette époque, ils n'ont jamais tenté de s'arracher à l'état de servitude où les Japonais, qui les méprisent, n'ont cessé de les maintenir. Ils n'osent aborder leurs maîtres qu'avec les marques d'un profond respect, et ils acquittent un tribu considérable, en poissons secs et en pelleteries, au taïkoun et au prince de Mast-maï, principaux suzerains de l'île de Yézo. Jadis, au retour du printemps, une députation d'Aïnos se rendait à Yédo pour faire acte de soumission et pour payer le tribut au taïkoun. Aujourd'hui l'accomplissement de ce double devoir a lieu à Hakodadé en présence du gouverneur (*o-boungo*). La députation prononce, en arrivant, certaines formules de convention; chaque membre (il y en a ordinairement quatre ou cinq) reçoit une coupe remplie de *sakki* (eau-de-vie de riz), qu'il vide après avoir fait une libation aux dieux et aux souverains temporels de Yézo. Le payement du tribut est réglé par l'entremise d'officiers inférieurs.

Si l'on veut connaître cet étrange peuple, il faut aller le trouver dans l'intérieur de l'île, chez lui et loin de l'œil du maître. Les Aïnos aiment les étrangers, ils les fêtent, ils leur offrent tout ce qu'ils possèdent ; en revanche, on les rend parfaitement heureux avec une poignée de tabac et un flacon d'eau-de-vie. A Hakodadé, on les rencontre rarement ; ils y sont mal à l'aise et d'une timidité farouche, à tel point qu'ils se laissent à peine approcher.

La situation de Hakodadé au nord des îles de Kiou-siou, de Sikok et de Nippan, qui, avec leurs dépendances, forment l'empire japonais proprement dit, l'éloigne du mouvement des communications régulières entre l'Occident et l'extrême Orient. Hakodadé ne sert de point de relâche qu'aux bâtiments de guerre russes envoyés sur les côtes de Mandchourie ; à quelques baleiniers américains, et enfin au petit nombre de navires qui exploitent le commerce entre Yézo et la Chine et entre la Californie et Nicolaïefsk, le véritable emporium commercial des pays de l'Amour.

La rade de Hakodadé passe pour une des plus belles et des plus sûres du monde entier. Cette rade, qui s'ouvre au sud de l'île de Yézo, à peu près au milieu du détroit de Tsougar, a cinq milles d'étendue et quatre mille de largeur à l'entrée. Tout à l'entour, se dessine en demi-cercle une chaîne de montagnes qui, vue du port intérieur, semble l'enfermer entièrement et lui donne l'apparence d'un vaste lac. La plus haute de ces montagnes est au nord ; la forme bifurquée de son sommet lui a fait donner le nom de *Saddle mountain* (la Selle). Elle s'élève à 3169 pieds au-dessus de la mer, au centre d'une chaîne dont la hauteur moyenne atteint 2500 pieds. Un peu plus loin fume le cratère d'un volcan en activité. Dans la zone intérieure de cette chaîne, ou aperçoit de tous côtés des bourgs et des villages habités par des pêcheurs, et dont les plus populeux sont Arékana, Toma-niawna et Mohédsi. Sept petites rivières se jettent dans la rade : une seule, la Kamida, mérite d'être mentionnée. — Le port marchand de Hakodadé se trouve au sud-est de la rade ; il est formé par le prolongement d'une presqu'île qu'une lagune basse et sablonneuse relie à la terre ferme. La presqu'île de Hakodadé a une circonférence de cinq milles et demi, et présente, dans sa configuration, un amas de rochers dont le plus élevé domine de 1131 pieds le niveau de la mer. Pendant la moitié de l'année, ce pic reste couvert de neige.

Bâtie en amphithéâtre au pied du pic qui porte son nom, Hakodadé a un aspect misérable malgré sa position pittoresque, et bien qu'on y remarque plusieurs grands et beaux temples. Les habitants, au nombre de vingt à vingt-cinq mille, se livrent en général à la pêche et au commerce. Les rues sont bien percées et tenues dans un assez bon état de propreté. La principale, qui continue le *tokaïdo* (route de l'ouest qui traverse le Japon depuis Nagasacki jusqu'à Hakodadè), est parallèle à la plage ; elle est large et bordée de maisons basses, dont les toits de chaume sont couverts de grosses pierres qui les protégent contre les brusques coups de vent si communs dans ces parages. Cette rue a plus d'un mille de longueur. Presque toutes les maisons sont transformées en boutiques, mais ce qu'on y expose ne saurait contenter que des acheteurs japonais : ce sont des articles de première nécessité et de qualité médiocre. Au centre de la ville, sur le versant du pic, on voit flotter les pavillons de la France et de la Grande-Bretagne au-dessus d'un temple qui, depuis les traités, est devenu le siége des consulats de ces deux pays. Tout près de là se trouve le consulat américain. Quant aux Russes, fidèles à leur penchant à l'isolement, ils ont choisi à l'extrémité de la ville un emplacement assez vaste où sont installés, dans des maisons à l'européenne, un consul-général, un médecin et un pope, ainsi que les officiers de marine chargés de missions temporaires et d'un caractère fort énigmatique. Les Russes ont aussi fondé pour leur usage un hôpital qui se trouve dans le village de Kamida.

Hakodadé possède, comme toute autre ville japonaise, un quartier particulièrement destiné aux *maisons de thé*. Après le coucher du soleil, il ne serait pas prudent de s'y hasarder sans armes. C'est un endroit aussi mal famé que dangereux ; des rixes y éclatent sans cesse soit entre les matelots étrangers, soit entre ceux-ci et les indigènes. Il est rare que les premiers torts retombent sur les Japonais, gens polis et d'humeur pacifique ; mais il n'en est pas de même des matelots : malgré la sympathie qu'ils inspirent et qu'ils méritent, on ne peut les avouer pour les véritables représentants des sociétés européennes ; ils sont, avec leur caractère turbulent et querelleur, les hommes les moins propres du monde à civiliser paisiblement une colonie lointaine. Le lendemain de mon arrivée à Hakodadé, je rencontrai par les rues une douzaine de marins en état de complète ivresse : c'était l'équipage entier d'un baleinier américain qui venait de relâcher à Hakodadé à la suite d'une longue et fructueuse campagne. Les hommes n'avaient vu ni touché terre depuis plusieurs mois ; ils avaient soif de toute espèce de plaisirs, et ils avaient assez d'argent pour donner libre carrière à toutes leurs fantaisies. Ils avaient commencé par s'enivrer d'eau-de-vie en mettant pied à terre, et en chantant ils parcouraient la ville à la recherche d'une distraction quelconque. Une querelle eût été pour eux une bonne fortune.

On peut, sans exagération, affirmer que, sur cent rixes dont Hakodadé est le théâtre ; il y en a quatre-vingt-dix dans lesquelles une des parties est représentée par des matelots, et souvent ce sont les deux.

La population de Hakodadé est du reste assez mélangée : elle se compose en grande partie d'aventuriers qui ont quitté le Japon et cherché refuge à Yézo, où ils sont tolérés sans qu'on les questionne trop au sujet de leurs antécédents. Aussi les résidants étrangers se plaignent-ils, non sans raison, d'être obligés de vivre au milieu de gens d'une probité suspecte, et beaucoup ont eu la précaution de s'entourer chez eux de serviteurs qu'ils ont fait venir de Shang-haï. Les *boys* chinois font d'excellents domestiques ; quand on s'est habitué à leurs façons, on leur donne même la préférence sur les Européens. Il est vrai que, sous le rapport du travail, ils ne valent pas ces derniers ; mais ils s'acquittent ponctuellement, avez zèle et sans bruit, de ce qu'on exige d'eux. Il y a des *boys* qui ont passé dix, vingt ans au service d'un résidant étranger. Ce sont des hommes en qui on place une confiance absolue, et qui la méritent le plus souvent. Un bon domestique chinois sait d'ailleurs garder sa dignité, et il ne permettra jamais à son maître d'abuser de son autorité. Qu'on le maltraite ou qu'on l'insulte, il demandera son congé le lendemain en prenant pour prétexte ordinaire la mort subite d'un père ou d'une mère ; il s'éloignera sans colère ni ressentiment, mais rien ne le fera changer de résolution, il partira.

La communauté étrangère de Hakodadé n'est pas nombreuse : elle se compose d'une trentaine de personnes, sans compter les équipages des navires qui de temps à autre mouillent dans le port. L'existence qu'on y mène n'est ni agréable ni variée. Cependant les officiers russes qui viennent des colonies militaires de la Mandchourie, et qui trouvent à Hakodadé une société nombreuse et libre en comparaison de celle qu'ils ont laissée à Vladivostock et à Olga-Bay, les officiers russes, dis-je, s'accommodent fort bien de la ville japonaise, et à les entendre la vie n'y laisse pas grand'chose à désirer. L'extrême solitude où ils ont l'habitude de vivre les a rendus faciles à satisfaire. Leurs compagnons d'exil, Français, Anglais et Américains, ne partagent pas leur avis, et se plaignent souvent de l'existence monotone à laquelle ils sont condamnés. Le climat de Hakodadé n'est guère agréable : en été des chaleurs malsaines, en hiver un froid long et rigoureux[1]. Les nouvelles d'Europe sont rares et

---

[1]. D'après les observations météorologiques faites par le docteur Albrecht, directeur de l'hôpital russe, la moyenne de la température annuelle à Hakodadé est de 7°,19 Réaumur au-dessus de zéro. En 1859, ce savant avait constaté 111 jours de pluie, 43 jours de neige, 6 tremblements de terre, 7 ouragans et 1 éruption volcanique.

peu régulières; la ville et les environs immédiats sont dépourvus d'attraits. L'appât du gain qu'offre un commerce assez lucratif, quoique pénible, y retient les négociants : les devoirs de leur emploi obligent les fonctionnaires et officiers à y résider pendant quelque temps; mais tous seraient prêts à s'en éloigner au premier appel, et ceux qui ont connu Nagaeacki et Yokohama ne parlent qu'avec dédain de Hakodadé, le troisième et le moins important des ports japonais ouverts au commerce étranger. Nous le quittâmes le 9 décembre, n'emportant qu'un seul bon souvenir, celui de l'hospitalité des étrangers que nous y avions rencontrés. Le prochain but de notre voyage était Yokohama. Aucun accident ne signala notre traversée; nous débouchâmes facilement du détroit de Tsoungar, et après avoir longé pendant trois jours la côte orientale de la grande île de Nippon, nous entrâmes, au milieu de la nuit du 13 décembre, dans la baie de Yédo, au fond de laquelle se trouvent Yokohama, Kanagava et Yédo, siéges principaux des relations politiques et commerciales de l'Occident avec l'empire de Japon.

CHAPITRE VI.

LE PARTI DU PROGRÈS ET LE PARTI RÉACTIONNAIRE AU JAPON.

Histoire rétrospective. — Hiéas, fondateur de la dynastie des taïkouns actuels. — Midzouno propose l'ouverture du Japon. — Les princes Kanga, Mito et Ikammono-Kami. — Le règne de Yesada et la régence d'Ikammono-Kami. — Le premier traité avec l'Amérique. — Perry et Townsend Harris. — Le second traité avec l'Amérique. — Conclusion des nouveaux traités avec l'Angleterre, la France, la Hollande et la Russie.

A Nagasacki et à Hakodadé, l'intérêt commercial prédomine à tel point tous les autres que le voyageur ne peut y recueillir que des fragments épars concernant la vie politique des Japonais et la révolution que l'arrivée des Européens et Américains a causée parmi eux. A Yokohama et Yédo on attache, au contraire, une grande importance à la connaissance des faits relatifs à l'histoire contemporaine du Japon. Plusieurs étrangers se sont appliqués à découvrir le lien qui les unit les uns aux autres, et leurs recherches, dirigées avec beaucoup de patience et de sagacité, ont produit un ensemble de renseignements qui, sans être complets, permettent déjà de former un récit logique.

Ce récit, dont la connaissance est indispensable pour comprendre la nature de nos relations avec les Japonais, doit précéder la description de Yokohama et de Yédo, de ses habitants et notamment de la petite communauté étrangère qui s'y est établie depuis la signature des derniers traités entre les principales puissances occidentales et le Japon.

Il y a environ deux cent soixante-dix ans que le général Faxiba, plus connu dans l'histoire sous le nom de Taïkosama, fut chargé par l'empereur légitime du Japon, le mikado, de faire rentrer dans l'obéissance plusieurs grands vassaux qui s'étaient révoltés. Faxiba, au lieu d'exécuter les ordres de son souverain, profita des pouvoirs dont il était investi pour se mettre lui-même à la tête du gouvernement. Il relégua le mikado dans son sérail, l'entoura de dignitaires auxquels il donna des titres pompeux et de faibles revenus, en fit une sorte de *roi fainéant*, et ne lui laissa que l'apparence de l'autorité. Le fils de Faxiba, Fidé-Yori, était trop jeune pour recueillir impunément les fruits de cette audacieuse usurpation : il périt bientôt assassiné par son propre tuteur, le général Hiéas. Celui-ci, laissant le mikado en possession de ses vains titres, alla s'établir à Yédo, dont il fit la seconde capitale de l'empire, et fonda cette dynastie de chefs militaires qni, sous le nom de *chiogouns* ou *taïkouns* ont régné depuis au Japon. L'organisation féodale du pays s'opposait toutefois à la réalisation immédiate de ses plans; un grand nombre de princes refusèrent de reconnaître le pouvoir du général Hiéas : il soumit quelques-uns de ces mécontents, et força les autres à adhérer aux *lois de Gongensama*, espèce de pacte politique qui, depuis cette époque, forme la base de la constitution [1].

En vertu de ces lois, les princes insoumis, les dix-huit *grands daïmios* ou *gok'chis*, restaient maîtres à peu près absolus dans leurs principautés respectives; seulement ils devaient, à certaines époques, se rendre à la cour de Yédo et y résider pendant un temps déterminé. Hiéas voulut, par cette obligation, marquer leur état de dépendance; mais il les abaissa surtout par la création d'une nouvelle et puissante noblesse. Ces nouveaux nobles furent les *jeunes daïmios*, au nombre de trois cent quarante-quatre, et les *hattomotos* (capitaines), au nombre de quatre-vingt mille. Vassaux du taïkoun, les nouveaux no-

---

[1]. Gongen-sama est le nom sous lequel on rend aux mânes de Hiéas des honneurs presque divins.

bles devaient lui rendre hommage, lui payer tribut, se soumettre à une conscription militaire, et restituer dans certains cas, si leur suzerain l'exigeait, les fiefs dont ils avaient été investis. Une assemblée de *grands daïmios* était chargée de proposer les mesures d'intérêt général; le taïkoun avait à les exécuter lorsqu'elles avaient reçu la sanction du mikado. Le taïkoun était donc en réalité le chef du pouvoir exécutif, pouvoir représenté par le *gorodjo*, ou conseil des cinq, siégeant en permanence à Yédo.

Hiéas mourut en 1616, après dix-huit ans de règne. Il avait fait reconnaître un de ses fils pour son successeur; trois autres de ses enfants, les *gosankés* (princes du sang royal), reçurent l'investiture des riches principautés de Kousiou, de Mito et d'Owari. Le mikado avait été forcé de sanctionner une loi en vertu de laquelle le taïkounat devait être maintenu dans la descendance directe de l'héritier choisi par Hiéas ou dans les familles *gosankés*.

Le nouveau taïkoun, appuyé par les trois cent quarante-quatre *jeunes daïmios* et par les quatre-vingt mille *hattomotos*, s'établit sans difficulté sur le trône de Yédo. Les *grands daïmios* s'habituèrent peu à peu à un ordre de choses qui leur assurait la jouissance tranquille de priviléges achetés par leurs ancêtres au prix de leur sang et de leurs richesses. Quant au mikado, gardant toujours ses prétentions au pouvoir absolu, mais réduit à l'impuissance, il vécut d'une pension que lui octroyait le taïkoun. Depuis cette révolution, une paix profonde a régné au Japon jusque vers le milieu de notre siècle; le mikado résidait à Kioto (Miako)[1] et n'exerçait qu'une influence morale sur les affaires de l'État; le taïkoun avait sa cour à Yédo; il entretenait une nombreuse armée, possédait d'immenses revenus, et c'était lui qui exerçait en réalité le pouvoir.

Vers l'année 1840, sous le règne du taïkoun Minamoto Yeoschi, le conseil des cinq avait pour chef le ministre Midzouno Etkisenno-Kami, homme fort instruit et supérieur à la plupart de ses compatriotes. Après la conclusion du traité de Nankin, qui termina en 1842 la première guerre des Européen contre la Chine, en ouvrant aux étrangers une partie de l'empire du Milieu, ce ministre eut la hardiesse de proposer à ses collègues d'ouvrir le Japon aux hommes de l'Occident. Cette proposition fut accueillie froidement, et il se hâta de la retirer; mais il n'avait pas soulevé en vain cette question: beaucoup de Japonais distingués s'en occupèrent activement. A leur tête se trouvaient le prince de Kanga, le plus riche des *gok'chis*, le prince de Mito,

---

1. L'ancienne capitale du Japon est indiquée sur nos cartes géographiques sous le nom de *Miako*, traduction verbale du mot *capitale*. Le véritable nom propre de cette résidence impériale est Kioto.

un des trois *gosankés*, et Ikammono-Kami, *daïmio* très-influent, qui a joué plus tard, comme régent, un grand rôle dans l'histoire de son pays.

Le prince de Kanga, apportant dans l'appréciation des faits si graves qui tendaient à rapprocher l'Occident de l'Orient le même esprit libéral qui animait le ministre Midzouno, publia un écrit remarquable[1], où il cherchait à prouver combien le Japon avait intérêt à ouvrir ses ports avant que les étrangers vinssent demander d'une manière trop pressante la suppression des anciennes entraves. L'écrit du prince de Kanga, dirigé contre une des opinions les plus anciennes et les plus enracinées dans l'aristocratie japonaise, causa une sensation profonde. Le *daïmio* Ikammono-Kami, appelé plus tard à devenir régent, approuva le langage et les idées du prince; le vieux *gosanké* de Mito blâma au contraire énergiquement ses conclusions. Descendant d'une famille souveraine, connu par sa bravoure, sa prudence et sa force physique, le prince de Mito était regardé comme le vrai type du noble japonais, et

---

1. C'est à l'obligeance de M. l'abbé Mermet de Cachon, missionnaire apostolique à Hakodadé (île de Yesso), que je dois la communication de cet écrit du prince de Kanga. On retrouve dans ce curieux document tous les arguments dont les ambassadeurs européens se servirent, dix ans plus tard, pour engager les Japonais à entrer en relations avec les puissances occidentales.

jouissait d'une grande popularité. Ses vassaux lui étaient aveuglément dévoués; à la cour même du mikado, parmi les adversaires naturels de sa famille, il comptait de nombreux amis. Le respect et l'affection dont il se voyait entouré poussaient jusqu'à l'exaltation l'ardeur de son patriotisme. Il n'y avait, selon lui, qu'un pays civilisé, le Japon; en dehors de cet empire vivaient les barbares. Si la race affaiblie et dégénérée des Chinois n'avait pu résister à l'agression des hommes de l'Occident, il n'en pouvait être ainsi des Japonais, qui gardaient encore le même courage et la même force qu'à cet âge héroïque où ils avaient repoussé l'invasion des Mongols; ils ne repousseraient pas moins vaillamment les chrétiens s'ils osaient se présenter, et les chasseraient comme ils les avaient chassés une première fois sous le règne du taïkoun Hiéas.

Le prince de Kanga et Ikammono-Kami n'osèrent pas faire une opposition ouverte au prince de Mito; mais celui-ci ayant conseillé à son cousin, le taïkoun Minamoto, d'expulser de sa cour le ministre Midzouno, qui le premier avait eu l'audace de parler de réformes, Ikammono-Kami usa de son influence avec beaucoup d'habileté, et parvint à maintenir à la présidence du conseil des cinq le chef du parti progressiste. A la suite de cet insuccès, Mito quitta Yédo, et son adversaire Ikammono-Kami, profitant de son absence, le perdit dans l'esprit du taïkoun en le représentant comme un homme dangereux, dont la popularité pouvait porter atteinte au pouvoir du souverain. Il y eut dès lors guerre ouverte entre Ikammono-Kami et Mito, c'est-à-dire entre le parti progressiste et le parti conservateur.

Malgré ses sympathies avouées pour la cause du progrès, le taïkoun Minamoto-Yeoschi se trouva bientôt dans un extrême embarras. On était en 1853, et on venait d'apprendre l'arrivée de la flotte américaine sous les ordres du commodore Perry. Le taïkoun se voyait forcé de prendre ouvertement parti, aux yeux du Japon entier, pour ou contre les amis des réformes. Le prince de Mito, étant accouru en hâte à Yédo, fit tous ses efforts pour renverser Ikammono-Kami; mais le taïkoun resta fidèle au parti qu'il avait d'abord embrassé, et après une courte hésitation reçut avec bienveillance les communications du président des États-Unis. Quelques jours plus tard, il mourut. Le mystère qui entoure sa mort n'est pas encore éclairci. Nous pouvons donner cependant le récit qui courut à ce sujet parmi la population de Yédo [1].

Le prince de Mito, après une dernière audience du taïkoun, était rentré fort agité dans son palais. Plusieurs membres de sa famille et quelques-uns de

---

1. Je tiens les détails de ce récit de M. A. Gower, attaché à la légation anglaise de Yédo, un des hommes qui ont avec le plus de fruit étudié la situation actuelle du Japon.

ses amis les plus intimes s'y étaient réunis et l'y attendaient. Sans prendre garde à la présence des domestiques et des officiers subalternes, il s'était écrié à différentes reprises : « Honte sur Ikammono-Kami, qui a trahi l'empire! » Un de ses fils l'avait entraîné dans un appartement intérieur, et à la suite d'une longue conversation le prince était allé conférer secrètement avec ses amis. Tout semblait indiquer que la mort du taïkoun et d'Ikammono-Kami avait été résolue dans cet entretien, puisque le taïkoun avait été assassiné secrètement par un domestique, proche parent d'un des princes de Milto ; mais, le meurtrier s'étant tué après avoir consommé son crime, on n'avait pu établir sa complicité avec qui que ce fût[1].

Yeseda, le fils de Minamoto-Yeoschi, qui lui succéda en qualité de taïkoun, était idiot et incapable

---

[1]. Les Japonais n'ont pas pour la vie le même attachement que les Européens. Dans aucun pays, on ne rencontre aussi facilement des hommes prêts à mourir pour un principe politique. Il n'y a pas un village au Japon où ne se puissent trouver des exaltés qui prennent pour devise : *Je tue et je meurs!* comme les forcenés qui assaillirent M. Alcock. En général, les Japonais semblent attacher aux biens de la terre beaucoup moins de valeur que les chrétiens. La perte de leurs richesses, celle du parent le plus aimé, ne leur causent en apparence qu'une douleur légère. Le lendemain du grand incendie qui détruisit la moitié de Yokohama et condamna des milliers d'habitants à la misère, les étrangers ne purent découvrir aucune figure abattue parmi les nombreuses victimes de ce désastre.

de gouverner. Ikammono-Kami, dont la famille garde héréditairement le droit à la régence, fut nommé régent (*gotaïro*). A peine en possession du pouvoir, il força le prince de Mito à sortir de Yédo en le menaçant de le traduire devant la justice comme meurtrier de Minamoto. Le départ de son rival laissa Ikammono-Kami maître suprême, et lui permit, s'il le voulait, de se tourner complétement vers le parti du progrès. Mais ce prince, s'il n'avait rien conservé des préjugés japonais, ce qu'il est bien difficile d'admettre, avait trop de ruse et d'ambition pour ne pas modifier, une fois au pouvoir, ses opinions libérales. Afin de lutter avec avantage contre Mito, le chef du parti réactionnaire, il s'était montré ami des réformes; Mito vaincu et éloigné, le régent songeait à revenir au système contraire, qui lui assurait la popularité. La marche rapide des événements le trompa dans ses desseins. Le commodore Perry reparut au Japon en 1854, et tous les efforts du régent pour le renvoyer sans lui faire de nouvelles concessions furent inutiles. Le commodore, qui se savait invincible à bord de ses navires de guerre, demeura inébranlable dans ses demandes, et les Japonais furent contraints de signer un traité de commerce, par suite duquel M. Townsend Harris, nommé consul-général des États-Unis, s'établit dans la petite ville de Simoda. Homme d'une rare intelligence, habile autant que patient, M. Harris, tout en s'appliquant à gagner les bonnes grâces des hauts fonctionnaires, sut tirer adroitement parti des événements pour arracher à la cour de Yédo de nouvelles concessions. Aussitôt qu'il connut le résultat de la seconde guerre de Chine, il se rendit auprès du gouverneur de Simoda et lui expliqua, dans un sens favorable à ses projets, ce qui venait de se passer. La Chine, lui dit-il, était complétement vaincue ; il avait suffi que l'Angleterre et la France envoyassent une faible partie de leur puissante flotte et de leur nombreuse armée pour subjuguer l'empire du Milieu, dix fois plus grand et plus peuplé que le Japon. Le gouvernement chinois était avili aux yeux de ses propres sujets et humilié devant le monde entier ; il subissait ainsi la conséquence de son mépris pour l'esprit de progrès ; un pays riche et civilisé ne pouvait plus, dans les temps modernes, se condamner à un isolement stérile ; il était obligé de se rapprocher des autres nations ou devait s'attendre à ce que celles-ci vinssent lui imposer leur présence. On ne pouvait plus, dans l'état où se trouvaient les choses, séparer les intérêts généraux du Japon de ceux de la Chine ; la présence des flottes étrangères dans les mers chinoises était à la fois un conseil et une menace pour le gouvernement du Japon. Les Anglais désiraient nouer des relations avec ce gouvernement ; entre ce désir et des tentatives pour le satisfaire, il n'y avait qu'une faible distance, et il était impossible de dire si ces tentatives n'allaient pas amener des complications de la nature la plus sérieuse. Les Américains étaient pacifiques, ils n'avaient aucun désir de conquête, et, comme ils étaient riches et puissants, leur amitié devenait une garantie de paix et de prospérité. Il était donc évident que l'intérêt du Japon conseillait à son gouvernement de se rapprocher des États-Unis.

Le régent et le conseil des cinq, fort inquiets des événements et des paroles de M. Harris, convoquèrent à Yédo les *gok'chis* et les *daïmios*. Les séances de cette assemblée furent très-orageuses. Le régent se prononça pour une alliance intime avec l'Amérique, et ne recula point devant les conséquences qu'elle pouvait amener. Il n'eut d'abord qu'une minorité assez faible; mais l'attitude exaltée de ses adversaires gagna chaque jour des partisans à son opinion. Le prince de Mito, qui parlait sous l'influence de sa haine contre le régent, s'abandonna aux plus violents transports, jurant qu'il chasserait les barbares du sol sacré de l'empire, et qu'il préférait une mort glorieuse à la honte de se soumettre aux étrangers. Les Japonais sont en général fort sensés, et les déclamations ont peu de prise sur leur esprit. On se contenta de répondre au prince qu'il ne s'agissait pas de se soumettre ou de mourir, mais de conclure un traité qui placerait le Japon sur un pied d'égalité parfaite avec les premières nations de l'Occident. Le régent s'exprima avec calme et sagesse. Il fit comprendre la puissance extraordinaire de ces nations de l'Occident; il parla de leurs bateaux à vapeur, qui les rendaient pour ainsi dire maîtresses du temps et de la distance; il raconta ce qu'il savait de la portée redoutable des armes à feu européennes; il rappela la victoire facile et complète que la France et l'Angleterre venaient de remporter sur la Chine. D'après les affirmations des Hollandais de Decima et des Américains de Simoda, il devenait impossible, dit-il, de révoquer en doute le projet des Anglais et des Français de pénétrer au Japon, et il était à craindre de leur voir arracher par la force les concessions qu'ils se croyaient en droit d'exiger. La conscience occidentale était autre que la conscience orientale, et l'on ne pouvait juger de ce que les étrangers se croyaient permis. Après avoir vanté la puissance du Japon, le régent fit ressortir ce qui lui manquait; il regretta que les côtes fussent mal défendues et ne pussent résister à une attaque sérieuse, et que les belles provinces de Satzouma, de Fisen et de Schendei, situées au bord de la mer, fussent en quelque sorte ouvertes à l'ennemi; il déplora les désastres et la misère qui allaient, en cas de guerre, atteindre ces contrées si florissantes ; il témoigna de son profond respect pour ces *lois de Gongensama* relatives à l'expulsion des étrangers, mais il n'oubliait pas qu'en vertu de ces mêmes *lois*, les *gok'chis* et les *daïmios* réunis avaient le droit de proposer des réformes. Il termina en rappelant que c'était au mikado seul de sanctionner ces réformes, et au taïkoun de les exécuter.

Après ce discours du régent, le prince de Mito quitta aussitôt la salle du conseil, suivi de quelques amis ; mais une grande majorité resta en séance : elle approuvait la politique du régent, et déclara qu'il semblait nécessaire de faire volontairement certaines concessions aux nations de l'Occident. Toutefois, pour empêcher le régent de s'aventurer trop dans ces idées nouvelles et en même temps pour tâcher de ramener le prince de Mito, l'assemblée plaça à la tête du conseil des cinq le prince Vakisakou-Nakatsou-Kasano-Taïro, ami intime de Mito, ennemi juré des étrangers et défenseur ardent de la politique conservatrice. Ce dernier n'accepta qu'après avoir pris conseil de ses amis, et dans l'espérance, dit-il, de détourner de sa patrie les maux que la conduite du régent menaçait d'attirer sur elle. Par suite des délibérations de l'assemblée des *daïmios* à Yédo, un nouveau traité fut conclu avec l'Amérique au mois de juillet 1858. Au mois d'août ou de septembre suivant mourut Yesada, le taïkoun idiot. On crut généralement qu'il avait été empoisonné par le prince de Mito ; cependant des personnes bien renseignées d'ordinaire sont d'avis que sa mort fut naturelle.

Lorsqu'un taïkoun meurt sans descendance directe, l'élection de son successeur est toujours une occasion de troubles. D'une part, les trois familles *gosankés* de Kousiou, d'Owari et de Mito font chacune valoir leurs droits, et divisent les suffrages de ceux qui restent fidèles à la race de Hiéas. D'autre part, les dix-huit *gok'chis* ou pairs du Japon s'efforcent, malgré la loi de succession, de se créer des partisans pour arriver au pouvoir, et il est bien certain aujourd'hui que les plus puissants d'entre les *gok'chis*, les princes de Kanga, de Satzouma et de Schendei, par exemple, ont tenté plus d'une fois de parvenir au trône depuis deux cent cinquante ans qu'il est occupé par les descendants de Hiéas. Pour empêcher autant que possible les troubles qui pourraient résulter de ces mille intrigues, la cour de Yédo a depuis longtemps défendu, sous les peines les plus sévères, aux fonctionnaires du palais de faire connaître à qui que ce soit la mort d'un taïkoun avant la nomination de son successeur. Aussitôt le taïkoun mort, c'est au conseil d'élection de Yédo de choisir un nouveau souverain, et de soumettre son choix à la sanction du mikado, sanction que l'élu n'a jamais manqué d'obtenir en appuyant sa requête de cadeaux considérables. Pour obvier aux conséquences d'une indiscrétion possible, la ville de Kioto, où réside le mikado, est entourée d'un réseau de postes militaires qui en interdit l'approche à tout Japonais de la haute classe, à moins qu'il ne donne de son voyage des motifs qui ne laissent point de doute sur ses projets.

Parmi les prétendants à la succession de Yesada, deux rivaux avaient des chances presque égales: le fils du prince de Kousiou et l'un des fils du prince de Mito. Pour le premier luttait le régent, pour le second le ministre Vakisakou. Après de longs et violents débats, qui n'ont été divulgués que plus tard, le régent l'emporta, et le fils du prince de Kousiou monta sur le trône de Yédo, vers la fin de l'année 1858, sous le nom de Minamoto-Yemotschi. Ce choix fut approuvé par le mikado, et le vieux prince de Mito ne put que se soumettre aux décisions des deux cours du Japon; mais sa haine contre le régent grandit en raison de son insuccès. Vers cette époque, les représentants de l'Angleterre, de la France et de la Russie, lord Elgin, le baron Gros et le comte Poutiatine, arrivèrent à Yédo et exigèrent du gouvernement les mêmes concessions qu'avait obtenues l'envoyé des États-Unis[1]. Le premier ministre Vakisakou s'étant retiré des affaires

---

1. Le traité entre la Hollande et le Japon, préparé par M. Dunker Curtius dès 1858, fut ratifié en même temps que les autres traités avec le Japon.

à la suite de l'élection du taïkoun, Ikammono-Kami, qui conservait la régence pendant la minorité du jeune prince de Kousiou, fut seul chargé de traiter avec les étrangers. Nous avons fait remarquer combien son libéralisme était subordonné à ses intérêts, comme il inclinait vers les vieilles idées japonaises lorsqu'il n'avait pas à faire des idées de progrès une arme contre Mito, son ennemi ; mais les événements étaient plus forts que son habileté : le traité conclu avec l'Amérique rendait impossible un refus aux autres nations de l'Occident. Le régent se plia d'assez bonne grâce à la nécessité, et les traités entre le taïkoun d'une part, les États-Unis, l'Angleterre, la France, la Hollande et la Russie d'autre part furent signés en 1858 et ratifiés dans les premiers mois de l'année suivante. En vertu de ces traités, les villes de Nagasaki, de Yokohama et de Hakodadé, faisant partie du domaine particulier du taïkoun, furent ouvertes au commerce étranger le 1er juin 1859.

CHAPITRE VII.

LE PARTI DU PROGRÈS ET LE PARTI RÉACTIONNAIRE AU JAPON.

La rivalité entre le prince de Mito et le régent. — Les assassinats. — Den-Kouschki, Vos, Decker, Heusken. — La mort du régent et du prince de Mito. — La rivalité entre Ando et Hori. — L'assassinat de M. Heusken. — La mort de Hori. — L'attaque sur la vie d'Ando.

La rivalité du prince de Mito et du régent se réveilla avec une nouvelle violence à l'arrivée des premiers négociants européens au Japon. C'était le régent qui les avait appelés, c'était donc lui qu'on devait rendre responsable des troubles que les nouveaux venus allaient exciter. Les agents de Mito, répandus dans tout le pays, déployèrent un zèle fanatique pour soulever le peuple contre les *todjins* (hommes de l'Occident), et ceux-ci, il faut l'avouer, rendirent leur tâche assez facile.

Les premiers étrangers qui s'établirent au Japon étaient pour la plupart des agents des grandes maisons commerciales que les Anglais, les Américains et les Hollandais possèdent en Chine ou dans les Indes néerlandaises. C'étaient des hommes parfaitement sûrs, et non point des aventuriers dangereux, des chevaliers d'industrie, comme on en trouvait, à l'âge d'or de la Californie, dans l'ouest de l'Amérique; mais, s'ils avaient les qualités de la race blanche, ils en avaient aussi les défauts, et surtout cette vanité blessante qui nous rend aussi fiers de notre couleur que peut l'être de sa naissance le gentilhomme le plus infatué. Beaucoup d'entre eux, anciens résidents des Indes et de la Chine, avaient pris l'habitude de considérer les indigènes comme infiniment au-dessous d'eux ; les plus éclairés et les plus tolérants n'auraient jamais consenti à reconnaître pour leurs semblables des Chinois, des Malais ou des Indiens. Il ne put donc leur entrer dans l'esprit que les Japonais eussent des prétentions fondées à se croire leurs égaux, et qu'ils ne voulussent pas être traités comme l'étaient impunément Indiens et Chinois. En supposant même que les étrangers eussent consenti à se conduire envers les Japonais comme envers des égaux, ils n'auraient pourtant pas réussi à s'en faire des amis. Les idées et les mœurs de l'Occident et de l'Orient diffèrent trop entre elles pour que de leur contact il ne résultât pas une collision. On ne doit donc pas s'étonner qu'après avoir satisfait un premier mouvement de curiosité les indigènes et les étrangers s'éloignassent froidement les uns des autres.

Le parti réactionnaire du Japon sut habilement exploiter cet état de choses. Les déclamations de Mito contre les *todjins* et contre le régent, qui les avait introduits, furent bientôt dans le cœur et sur les lèvres d'un grand nombre de Japonais. Le bas peuple, c'est-à-dire les marchands, les artisans, les domestiques, ne prenait pas grand souci de ce qui se passait, ou, s'il se trouvait en relations avec les étrangers, il ne pouvait manquer d'être satisfait de ces nouveaux arrivants qui lui apportaient travail et richesse; mais la nombreuse aristocratie du Japon, les princes et les serviteurs des princes, les fonctionnaires, soldats et prêtres, en un mot la caste des *samouraïs*, qui, pendant des siècles, avait opprimé le peuple et était habituée à recevoir les marques du plus grand respect, cette caste s'indignait de voir son autorité méconnue par des intrus dont le mauvais exemple menaçait de corrompre tous ceux avec lesquels ils se trouvaient en contact.

« Les étrangers, disaient-ils, ne sont pas *les chers amis* que MM. Dunker, Elgin, Gros et Harris nous avaient annoncés; ce sont des fonctionnaires orgueilleux et froids, des marchands intéressés et rapaces, des matelots grossiers et débauchés. Il est vrai que tous paraissent forts, hardis, habiles, que beaucoup d'entre eux se montrent d'excellents artistes et artisans; mais, à part quelques rares et honorables exceptions, ils semblent totalement dépourvus de mansuétude, de bienveillance, de politesse, d'égalité d'humeur, de toutes ces grandes et belles qualités qu'on doit considérer comme les attributs essentiels d'un homme vraiment civilisé. Toujours occupés, agités, passionnés, ils veulent entraîner tous ceux qui les approchent dans ce rapide tourbillon si contraire aux goûts d'un homme bien élevé.

« Malgré leurs beaux navires, leurs machines merveilleuses, leurs armes excellentes, il faut partager l'opinion des Chinois, qui les regardent comme des démons ou des barbares. Depuis le jour néfaste où ils ont foulé le sol japonais, c'en a été fait du bonheur et de la paix de l'empire. Périls, craintes et souffrances naissent où ils posent le pied; tout ce qui a été cher et sacré aux Japonais risque de périr où règne leur désastreuse influence. Dans leurs propres maisons, les Japonais ne sont plus les maîtres. Les étrangers s'y introduisent selon leur bon plaisir, touchent à tout ce qui excite leur indiscrète curiosité, et ne prennent point garde aux ennuis que cause leur présence. Si on les accueille poliment, ils regardent cette manière de les traiter comme une invitation à revenir, et finissent par changer en établissement public la maison d'un paisible citadin. Si on tente de les éconduire, ils se fâchent. En vérité, un Japonais de la plus basse classe a plus de tact et de délicatesse que n'en montre un étranger.

« Dans les établissements publics, les mauvaises façons des Européens les rendent encore plus désagréables. Leur présence suffit à rendre le séjour d'une *maison de thé* (lieu de plaisir) insupportable à tout Japonais bien élevé. Il n'y a pas une de ces maisons, soit à Nagasacki, soit à Yokohama, dans laquelle les étrangers ne se soient battus entre eux ou avec les gens du pays. Plusieurs personnes innocentes ont été blessées, quelques-unes tuées au milieu de ces rixes.

« La présence des étrangers n'est pas seulement un défi constant à la dignité des Japonais, elle porte aussi gravement atteinte au bien-être du pays. La paix profonde qui, durant des siècles, a fait le bonheur de l'empire va se rompre. Guerre civile et guerre étrangère deviennent inévitables. Grâce à la politique du régent, le Japon se trouve dans la même situation où s'est, en 1842, trouvé la Chine, situation qui a exposé le Céleste-Empire à tant de désastres. Déjà l'avenir sombre qui se prépare anéantit toute confiance; les bonnes et faciles relations d'autrefois n'existent plus, les créanciers pressent leurs débiteurs, les capitalistes retirent leurs fonds, le commerce languit, et les rares affaires conclues avec les gens d'Europe lui ont plutôt nui que profité. Ceux-ci ont importé de l'argent qui a servi seulement à augmenter la richesse de marchands déjà riches et à corrompre quelques-uns des fonctionnaires en relations avec eux. Ils ont exporté de grandes quantités de soie, de thé, d'étoffes, de meubles, et ont par là rendu deux ou trois fois plus chers des articles de première nécessité. Des personnes accoutumées à l'aisance se voient réduites à la gêne, et les officiers subalternes s'imposent les plus dures privations pour soutenir en public le rang qu'ils occupent.

« Un autre danger pour l'empire, c'est que les relations avec les étrangers n'ont lieu que dans les provinces du taïkoun. Celui-ci accroît ainsi ses revenus de telle façon que sa puissance devient dangereuse pour tous les autres princes; il réunit des forces militaires en donnant pour raison la nécessité de s'opposer à une attaque de la part des étrangers, mais il est plus probable qu'il se prépare à achever l'œuvre de son ancêtre Hiéas : réduire les *gok'chis* à une impuissance complète après avoir contenu le mikado dans l'inaction. On doit s'attendre à tout de la part du régent, même à le voir mendier l'assistance des étrangers pour subjuguer les meilleurs patriotes. »

Ces plaintes amères de l'aristocratie japonaise retentissaient dans le pays tout entier. Il devint pour ainsi dire de bon goût d'abhorrer les étrangers; le peuple suivit l'exemple qui lui venait d'en haut. Quant aux étrangers, ils ne tentèrent aucun effort pour ramener à eux les esprits irrités, et, peu de semaines après l'ouverture des ports de Nagasaki et de Yokohama, il fut évident que les Japonais et les Européens étaient séparés par des barrières infranchissables. Le prince de Mito triomphait; il ne songea plus qu'à perdre entièrement de réputation le régent Ikammono-Kami et à expulser les étrangers. De graves événements allaient être le résultat de ce double dessein.

Le 25 août 1859, deux officiers russes furent assassinés en plein jour dans une des nouvelles rues de Yokohama. Le 6 novembre suivant, on massacra le domestique du consul de France dans la même ville. Le 29 janvier 1860, Den-Kouschki, l'interprète du ministre anglais, fut poignardé à la légation de Yédo, au pied même du mât qui portait le pavillon britannique. Quelques jours plus tard, le 20 février, MM. Vos et Decker, capitaines hollandais, furent hachés en morceaux dans la rue de Yokohama où avaient péri les officiers russes. Tous ces crimes demeurèrent impunis. La voix publique désignait comme les meurtriers des agents du prince de Mito. C'était lui en effet qui pouvait en retirer le plus grand bénéfice, car il espérait que l'Angleterre, la France, la Hollande et la Russie rendraient la cour de Yédo responsable des crimes qui s'étaient commis sur les domaines du taïkoun. Il se trompait : l'Angleterre et la France, comprenant ce qui se passait et ne se souciant pas d'entreprendre une guerre coûteuse tant qu'il restait un prétexte honorable de maintenir la paix, se contentèrent d'ordonner à leurs ministres; MM. Alcock et du Chesne de Bellecourt, de faire entendre d'énergiques protestations. Le prince de Mito résolut alors de prendre la voie la plus courte pour se débarrasser de son antagoniste. Peu de jours après l'assassinat de MM. Vos et Decker, et lorsqu'il parut démontré que ce nouveau crime ne susciterait pas plus que les autres des embarras au gouvernement du taïkoun, le prince de Mito réunit quelques-uns de ses confidents et leur fit comprendre qu'ils mériteraient bien de la patrie, s'ils parvenaient à la délivrer du régent. Ces insinuations furent aisément comprises. Les confidents du prince choisirent parmi ses sujets quelques mécontents auxquels ils transmirent les désirs de leur maître; un certain nombre de fanatiques, entre lesquels se distinguait particulièrement un ancien officier du prince de Satzouma, s'unirent aux premiers conjurés, et bientôt ils se trouvèrent en nombre suffisant pour exécuter leur projet. Ils se rendirent alors à Yédo, où ils arrivèrent le 20 mars 1860, et s'établirent dans une *maison de thé*[1] du faubourg mal famé de Sinagava. Ayant appris que le régent irait le 24 mars rendre visite au taïkoun, ils résolurent de l'attaquer au moment où il traverserait la rue qui séparait son palais de celui du souverain. Bien qu'ils ne fussent que dix-sept, ils ne reculèrent pas devant la crainte d'avoir à combattre son escorte, composée de cinq cents hommes bien armés. Le matin du 24, réunis de bonne heure dans la grande salle de la *maison de thé*, ils firent un repas solennel, jurèrent d'aller sans hésitation jusqu'au lieu de leur entreprise, et chacun d'eux accepta le rôle qui lui fut assigné; puis ils se donnèrent rendez-vous sous le portail d'un palais devant lequel devait passer le cortége, et s'y rendirent par petits groupes de deux ou trois hommes.

La journée était froide et sombre; la neige et la pluie ne cessaient de tomber, et dans les rues presque désertes qui entourent le château on ne

---

1. Les étrangers ont pris l'habitude de comprendre sous la dénomination de *maisons de thé* la plupart des lieux publics où se réunissent les Japonais. Les maisons de thé proprement dites ou *tcha-ïas* sont des établissements qui ressemblent à nos cafés. Les *djoro-ïas* de Sinagava au contraire sont des lieux de débauche qui servent de rendez-vous à la jeunesse désœuvrée de Yédo. Les rixes y sont très-fréquentes, et c'est là que se trament d'ordinaire la plupart des crimes commis dans la capitale.

rencontrait que quelques soldats et fonctionnaires marchant à la hâte, enveloppés de leur grand manteau en papier huilé. En s'arrêtant dans le lieu convenu d'avance, les conjurés parurent chercher un abri contre le mauvais temps et n'éveillèrent pas de soupçons. A onze heures, voyant arriver les porteurs de piques et de hallebardes qui précèdent d'ordinaire les cortéges princiers, ils se préparèrent à l'attaque. Le *norimon*, grand palanquin du régent, s'avançait lentement, porté par seize hommes, entouré d'une double file de gardes du corps et suivi par les écuyers ainsi que par les officiers de la maison du prince. A l'instant où il arrivait à la hauteur du portail, le chef des conjurés donna le signal, et les dix-sept se ruèrent sur le *norimon*, enfonçant la ligne des gardes et renversant les porteurs. Le palanquin tomba lourdement à terre, et le régent passa la tête par la portière pour demander son épée; mais au même instant un premier coup de sabre le renversa sur les coussins, d'autres coups achevèrent de lui ôter la vie, et l'officier de Satzouma, lui ayant coupé la tête, s'enfuit avec ce trophée pendant que ses complices protégeaient sa retraite. L'escorte du régent n'avait rien pu pour le défendre; les gardes, embarrassés dans leurs grands manteaux, n'avaient pas encore eu le temps de tirer leurs épées que déjà le crime était consommé. Aussitôt remis de leur surprise, ils attaquèrent les meurtriers avec fureur; un sanglant combat eut lieu, une vingtaine de soldats furent tués, cinq conjurés périrent les armes à la main, deux s'ouvrirent le ventre pour éviter d'être prisonniers, et quatre furent pris vivants; les autres s'échappèrent, et parmi eux l'officier de Satzouma, qui porta la tête du régent au prince de Mito. Celui-ci la fit exposer pendant tout un jour sur une place publique avec cette inscription : « Ceci est la tête du traître Ikammono-Kami. » Il l'envoya ensuite à Kioto, la capitale du mikado, où elle fut également exposée pendant plusieurs heures sans que les officiers de la ville osassent mettre obstacle à cette cruelle bravade. Rapportée ensuite à Yédo, la tête du régent fut lancée dans la cour de son palais pendant une nuit obscure. On l'y ramassa le lendemain matin, décomposée et méconnaissable, entourée d'un linge sur lequel se trouvait reproduite l'inscription : « Ceci est la tête du traître Ikammono-Kami. »

La nouvelle de l'assassinat du régent se répandit promptement dans le pays; beaucoup blâmèrent l'attentat, mais fort peu plaignirent celui qui en avait été la victime. C'était Ikammono-Kami qui avait appelé les étrangers, cause des troubles présents et des dangers à venir; son ambition et sa puissance l'avaient fait en général craindre ou haïr; il était peu estimé, il n'était aimé que de ses proches parents et de ses amis intimes : ceux-ci jurèrent de venger sa mort et ne tardèrent pas à tenir leur serment. Quelques mois plus tard, le prince de Mito fut assassiné par un officier d'Ikammono-Kami qui avait pénétré dans son palais déguisé en ouvrier, et qui l'abattit d'un coup de hache un jour qu'il se promenait seul au jardin. Le meurtrier s'ouvrit immédiatement le ventre, et l'on trouva son cadavre à côté de sa victime.

Ainsi se termina la longue rivalité du dernier régent et du grand *gosanké*, les représentants les plus éminents des partis progressiste et conservateur du Japon contemporain [1].

Après la mort du régent, la politique libérale eut un chaleureux défenseur dans le ministre Ando-

---

1. Je dois faire observer ici que quelques personnes assez bien informées prétendent que le prince de Mito n'est pas mort, et qu'il se cache pour se soustraire à la vengeance des amis du régent. Cette opinion peu vraisemblable ne peut pourtant être tout à fait rejetée. Quoi qu'il en soit, depuis la mort du régent, on n'a plus entendu parler de Mito; ses soldats, débandés et répandus par tout le Japon, y sont connus et redoutés sous le nom de *lonines* de Mito (hommes sans emploi). La plupart des renseignements relatifs à la rivalité entre le prince de Mito et le régent Ikammono-Kami ont été, avec une rare complaisance, mis à ma disposition par M. du Chesne de Bellecourt, ministre de France au Japon. Ce fonctionnaire, qui habite Yédo et Yokohama depuis quatre ans, a travaillé avec une ardeur infatigable à réunir tous les documents relatifs au système féodal et à l'histoire contemporaine du Japon. Il possède à ce sujet des renseignements très-curieux dont la publication jettera quelque jour une vive lumière sur la situation politique du Japon.

Tsousimano-Kami, membre du conseil des cinq; mais le parti opposé, quoique compromis par les violences du prince de Mito, resta le parti populaire et conserva une influence assez grande pour faire rentrer au conseil le ministre réactionnaire Vakisakou, un allié intime, comme on le sait, du prince de Mito. Vakisakou justifia la confiance de ses amis en s'opposant à toutes les mesures présentées par son collègue Ando. Afin de fortifier sa situation, il appela auprès de lui un homme d'une rare intelligence, d'une admirable habileté et d'un patriotisme à toute épreuve : c'était l'un des signataires du traité conclu avec le gouvernement britannique, Hori-Oribeno-Kami. Descendant d'une des plus anciennes familles du Japon, attaché aux idées et à la fortune de Mito et de Vakisakou, Hori avait, dans plusieurs occasions, servi leurs desseins : s'il était entré au comité des négociations, chargé spécialement de préparer les traités avec les puissances étrangères, il n'avait eu d'autre but que de se faire l'instrument de la politique hostile aux Européens, et, grâce surtout à son adresse, les traités conclus renfermaient certaines clauses restrictives qui devaient plus tard causer des embarras sans fin aux représentants des puissances occidentales.

Depuis l'ouverture du port de Yokohama, Hori avait rempli dans cette ville les fonctions de gouverneur, et s'était trouvé en relations constantes avec les ministres et les consuls étrangers. Voyant toujours en eux des adversaires et non des amis, il s'était étudié à lasser leur patience par son calme et par sa froideur dédaigneuse, qui s'alliaient, du reste, à une exquise politesse. On pouvait le voir passer chaque jour dans les rues de Yakohama, lorsqu'il se rendait à la salle du conseil, monté sur un cheval magnifiquement harnaché ou étendu dans sa grande litière. C'était un homme âgé de quarante ans environ, d'une taille ramassée, mais bien proportionnée ; il avait le teint bilieux ; ses yeux brillaient d'un éclat extraordinaire. Il était impossible de le voir sans reconnaître en lui tous les signes d'un caractère inflexible. Il affectait un soin extrême de sa personne et se faisait remarquer par l'élégante simplicité de son costume et le choix de ses armes[1].

Quelle que fût cependant l'attitude polie et calme du ministre japonais, les rapports des représentants de l'Europe avec lui devinrent de plus en plus dif-

---

1. Les Japonais attachent un grand prix à leurs armes. Un noble ruiné vendra tout ce qu'il possède avant de se priver de ses deux sabres, héritage glorieux qui lui vient de ses pères et signe distinctif de sa naissance. Dans beaucoup de maisons, on trouve de vieilles armes qui pendant plusieurs générations ont passé de père en fils, et pour lesquelles chaque membre de la famille professe un culte presque religieux. On montre ces armes enveloppées d'étoffes précieuses, on en raconte avec orgueil la sanglante histoire, et un ami de la famille considère la per-

ficiles lorsque sa haine contre les étrangers, qui n'avait été en principe que l'effet de son patriotisme, se fut encore accrue de ses griefs particuliers. Après l'assassinat de Den-Kouschki, l'interprète de la légation anglaise, M. Alcock voulut que des funérailles solennelles témoignassent de ses regrets pour la perte de ce fidèle serviteur, et il exigea que Hori assistât au convoi. Den-Kouschki était un Japonais de basse extraction, et l'idée de lui rendre les derniers devoirs blessait au plus vif de son amour-propre le noble Hori[1]; mais M. Alcock, dans sa

---

mission de les toucher comme une marque de haute confiance. En recevant l'arme des mains de son propriétaire, il se mettra à genoux, s'inclinera profondément et la portera respectueusement à son front avant de l'examiner. C'est une grave insulte que de dire à un noble que ses armes sont mauvaises, et toucher celles qu'il porte d'une manière irrévérencieuse est un outrage qui ne peut être lavé que dans le sang de celui qui l'a commis.

1. Les différentes classes de la société japonaise, sans être aussi rigoureusement séparées les unes des autres que le sont les castes dans l'Inde, ne se rapprochent cependant pas autant que les diverses classes de la société européenne. Si un homme du peuple parle à un noble, c'est à genoux; il doit le saluer partout où il le rencontre, qu'il le connaisse ou non. Il est interdit sous des peines sévères aux mendiants, aux *hettas* et aux *christans*, d'entrer dans la maison d'un laboureur ou d'un marchand. La société japonaise comprend plusieurs subdivisions; voici les principales qu'il suffira d'indiquer brièvement :

1° *Les nobles (samourvïs)*. — Sous ce nom se rangent : la maison du mikado, — les hauts fonctionnaires de la cour de Kioto, — les dix-huit grands *daïmios*, *gok'chis*, ou pairs du Japon, — le *taïkoun*, — les *gosankés* et les *gosankios*, mem-

juste irritation, ne tint pas compte de ces susceptibilités. La présence du gouverneur de Yokohama devait témoigner de l'horreur que la cour de Yédo

bres de la famille du taïkoun, — les trois cent quarante-quatre petits *daïmios*, vassaux du taïkoun, — les *o-bounjos* ou hauts fonctionnaires des cours des daïmios et du taïkoun, — les *yakounines*, fonctionnaires et soldats de la maison des princes, — les *lonines*, hommes nobles qui se trouvent sans emploi. — Un o-bounjo est en même temps un yakounine; mais tous les yakounines ne sont pas des o-bounjos. Un o-bounjo de même qu'un yakounine, en perdant sa place, devient un lonine. Tous les nobles, depuis le mikado jusqu'au lonine, portent deux épées.

2° *Les lettrés (bo-san)*. — Dans ce groupe figurent les prêtres, qui ont le droit de porter deux épées, et les médecins. — On trouve parmi les médecins des hommes nobles de naissance et qui conservent alors le droit de porter deux épées. — Les médecins d'extraction bourgeoise ne portent des armes que lorsqu'ils sont en voyage.

3° *La bourgeoisie*. — On range parmi les bourgeois les agriculteurs et fermiers, les artisans, les marchands, les pêcheurs et matelots.

Ainsi se composent les trois classes qui forment l'ensemble de la société japonaise : les nobles,— les lettrés,— les bourgeois. On en exclut comme des parias les mendiants ou *kotsedjikis*, les *hettas* et les *christans*. Il faut dire cependant quel est le sens de ces dénominations.

Les *kotsedjikis* (mendiants) sont divisés en quatre classes dont chacune reconnaît un chef qui demeure à Yédo. — Les *hettas*, hommes du peuple qui travaillent le cuir et versent par état le sang des animaux, demeurent en dehors des villes, sont regardés comme impurs et sont gouvernés par un roi, *dan-saïman*, qui réside à Yédo et paye un fort tribut au taïkoun. — Les *christans*, descendants des anciens chrétiens, sont confinés dans un quartier de Yédo, à peu près comme les juifs l'étaient dans les villes du moyen âge. — Les mendiants, les *hettas* et les *christans* ne peuvent se marier qu'entre eux.

ressentait pour le crime dont la légation anglaise avait été le théâtre. Hori fut obligé de céder et d'accomplir un acte qui l'abaissait aux yeux de l'aristocratie et du peuple; sa haine contre les hommes de l'Occident grandit de toute l'humiliation qu'il venait de subir. Tel était l'allié que Vakisakou appelait auprès de lui pour l'opposer, en qualité de *gouverneur des affaires étrangères*, à Ando, le ministre du même département.

Les représentants de l'Europe ne traitent directement avec les membres du conseil des cinq que lorsqu'il s'agit d'affaires importantes; pour les transactions ordinaires, ils se mettent en relations avec les *gouverneurs des affaires étrangères*, qui ont rang de sous-secrétaires d'État et qui peuvent être considérés comme les envoyés plénipotentiaires du conseil. Hori voyait donc très-fréquemment les fonctionnaires étrangers, et à Yédo, comme à Yokohama, il se conduisit avec eux de façon à empêcher tout rapprochement intime. MM. Alcock et du Chesne de Bellecourt, de leur côté, observèrent envers lui, comme il convenait à leur position, la froide politesse dont Hori ne s'écartait pas; mais, parmi les fonctionnaires plus jeunes, il s'en trouva un qui ne fit aucun cas de la réserve que Hori mettait dans ses rapports avec les étrangers, et qui l'accueillit invariablement avec une familiarité blessante pour la roideur du personnage japonais, bien que cette familiarité ne fût jamais poussée jusqu'à l'oubli des convenances. Ce fonctionnaire était Henri-Jean Heusken, secrétaire de la légation américaine à Yédo. Dès sa première conférence avec Hori, sa constante bonne humeur déplut au gouverneur des affaires étrangères, qui, comprenant l'impossibilité de pousser à l'irritation ou à l'impatience un homme aussi maître de lui-même, évita autant qu'il le put de se retrouver en sa présence.

Vers la fin de l'année 1860, Heusken reçut une lettre de Hori, ou plutôt un avis impérieux, qui lui enjoignait de cesser ses promenades nocturnes dans Yédo. Les rues de la capitale, prétendait Hori, n'étaient pas parfaitement sûres, et puisqu'on rendait le gouvernement japonais responsable de la sécurité des étrangers, c'était à eux de se soumettre aux mesures de précaution que le gouvernement croyait nécessaires. Cette demande était juste, mais le ton en était si acerbe que Heusken fut entraîné à y faire une vive réponse, disant qu'il sortirait quand bon lui semblerait, et qu'il saurait se défendre contre quiconque oserait s'en prendre à lui. Avant d'expédier sa lettre, il la communiqua à son ami M. Polsbroeck, consul de Hollande à Yokohama, qui, la jugeant trop violente, lui conseilla de la supprimer[1]. Malheureusement ce sage conseil ne fut

---

1. M. Polsbroeck, le plus ancien résident étranger au Japon,

pas écouté, et peu de jours après, le 19 janvier 1861, M. Heusken était mortellement frappé en sortant le soir de l'ambassade prussienne.

Tout ce qu'on a pu apprendre depuis lors sur cet infâme guet-apens tend à prouver que Hori en fut l'instigateur. Au commencement de janvier, dans une conférence avec son chef, le ministre Ando, à laquelle assistaient, selon l'habitude, un grand nombre d'officiers subalternes, il avait montré une irritation qui contrastait étrangement avec son calme habituel. Ando, mettant à profit cette disposition d'esprit de son antagoniste, s'était appliqué par ses réponses à l'irriter encore davantage. Hori avait parlé avec violence contre les étrangers et surtout contre Heusken, le plus dangereux de tous, parce qu'il savait la langue du pays et qu'il possédait sur la situation actuelle des connaissances qui pouvaient devenir funestes au Japon; il avait regretté que, suivant le conseil du prince de Mito, l'on n'eût pas exterminé les étrangers lorsqu'ils étaient encore en petit nombre, et il avait demandé que le conseil des cinq avisât aux moyens de mettre hors d'état de

---

et qui, dans ses relations si difficiles avec le gouvernement de ce pays, a toujours fait preuve d'un tact parfait, me répéta à plusieurs reprises qu'après avoir lu la lettre de Heusken il lui dit ces propres paroles : « Hori deviendra votre ennemi mortel, si vous lui envoyez une telle lettre. Écrivez-lui tout ce que vous voudrez, mais faites-le d'une manière conforme au code de la politesse japonaise. »

nuire ceux qui étaient le plus à craindre : le ministre anglais et le secrétaire américain. A ces paroles, Ando s'était levé ; il avait vivement blâmé celui qui venait de les prononcer, en ajoutant que ces actes violents dont on osait parler précipiteraient le pays dans une guerre désastreuse, et qu'il fallait être mauvais patriote, mauvais Japonais pour s'exprimer comme Hori venait de le faire. Hori n'avait rien répliqué, il s'était levé sombre et silencieux, et avait quitté la salle sans avoir demandé la permission de se retirer. Revenu dans son palais, il avait fait connaître à ses amis rassemblés son dessein bien arrêté de mettre fin à une vie déshonorée ; puis il s'était revêtu de ses habits de cérémonie, avait fait retourner les nattes de sa maison, dicté ses dernières volontés, et, ces préparatifs de son suicide étant terminés, entouré de ses femmes, de ses enfants et de ses meilleurs amis, il s'était ouvert le ventre[1].

---

[1]. Ce serait une erreur de croire que le suicide est bien fréquent au Japon. Il y est peut-être plus rare qu'en France ; mais, loin de se cacher, il s'y entoure d'un éclat solennel. Un Japonais ne se tuera pas par chagrin d'amour, par désespoir, à la suite d'un revers de fortune ou d'un mécompte d'ambition ; mais a-t-il été gravement insulté, s'est-il rendu coupable d'une action qui pourrait entraîner son déshonneur ou celui de sa famille, il se décide à mourir, soit pour appeler la vengeance sur la tête de son ennemi, soit pour faire voir que, s'il a été assez faible pour commettre un crime, il lui reste la force d'accepter une expiation héroïque. Souvent le suicide doit être considéré comme une sorte de justification d'un acte que la loi

La mort de Hori avait eu lieu le 10 janvier. Quelques jours plus tard, Ando avait été assailli par cinq bandits, et ne leur avait échappé qu'en mettant l'épée à la main et en se défendant vaillamment. Le 19 suivant, M. Heusken avait été tué. La coïncidence de ces événements fit présumer que Hori avait recommandé aux siens de le venger.

condamne. Ainsi l'assassin du prince de Mito se tue non parce qu'il a commis un crime, mais pour montrer qu'au nombre des amis du régent il se trouve des hommes qui ne craignent pas de payer du prix de leur sang la vie de leur ennemi. Un homme qui veut s'ôter la vie rassemble sa famille et ses amis, et leur communique son dessein. Rarement on essaye de l'en dissuader. Puis il fait retourner en signe de deuil les nattes de sa maison, revêt un costume d'apparat, dicte ou écrit ses dernières volontés, prend au milieu des siens un repas solennel, et se rend à la grande salle de sa maison. Là il se met à genoux. Ses femmes et ses enfants se tiennent derrière lui, son fils aîné et son meilleur ami sont à sa droite et à sa gauche. Il tire son sabre, le porte d'un geste lent et réfléchi à son front, et entonne un chant lugubre auquel se joignent ceux qui l'entourent; enfin il saisit l'arme des deux mains, et d'un seul coup il s'ouvre les entrailles. Un tel acte, accompli avec une telle fermeté, n'a rien de commun avec le suicide tel que le connaissent les sociétés occidentales. J'ai vu au grand théâtre de Nagasacki la représentation de la scène que je viens de décrire, et qui, au dire des assistants japonais, donnait une idée exacte des procédés suivis pour cette grande expiation, nommée *harra-kiri* ou *sep-kou*.

CHAPITRE VIII.

LE PARTI DU PROGRÈS ET LE PARTI RÉACTIONNAIRE AU JAPON.

Les ministres de France, d'Angleterre et des Pays-Bas quittent Yédo.— Leur rentrée dans la capitale.— Voyage de M. Alcock à travers le Japon. — Attaque sur la légation anglaise. — Les pouvoirs respectifs du mikado et du taïkoun. — Les *lois de Gongensama*. — Rivalité entre le taïkoun et le mikado. — Situation du Japon en 1863.

Le meurtre de M. Heusken marque une nouvelle phase dans l'histoire des relations entre les puissances étrangères et le Japon. La patience de nos représentants était à bout. En quelques mois seulement, plusieurs personnes avaient péri assassinées dans les grandes rues de Yédo ou de Yokohama, et soit complicité, soit impuissance, le gouvernement japonais n'avait pas découvert ni puni les meurtriers. Qu'il fût complice des crimes, ou qu'il n'eût pas la force de les empêcher, il était coupable. « Aux yeux du monde entier, lui écrivait M. Alcock, chaque gouvernement est responsable du maintien des lois qui protégent la vie et la propriété. » La cour de Yédo ne pouvant ou ne voulant pas maintenir ces lois, les représentants de l'Angleterre, de la France et de la Hollande, MM. Alcock, du Chesne de Bellecourt et de Wit, se crurent autorisés à changer la nature de leurs rapports avec le gouvernement japonais : ils quittèrent la capitale, dans laquelle ils avaient résidé jusqu'alors, et se rendirent à Yokohama, où, protégés par les canons de leurs vaisseaux, ils pouvaient vivre dans une sécurité relative. Le ministre américain, M. Townsend Harris, resta à Yédo, protestant ainsi contre les mesures adoptées par ses collègues. Sa conduite amena entre lui et M. Alcock une violente discussion, à la suite de laquelle les représentants des puissances étrangères se partagèrent en deux camps. Cette division rendit plus difficile encore notre attitude vis-à-vis du gouvernement japonais. MM. Alcock et du Chesne de Bellecourt accusaient-ils le taïkoun, M. Harris semblait se faire un devoir de le défendre. Cet état de choses eut ses conséquences naturelles : les Japonais ne tardèrent pas à regarder M. Alcock comme leur adversaire le plus acharné, et M. Harris comme un défenseur et un ami. Tandis que le ministre anglais, malgré ses éminentes qualités, malgré les nombreuses preuves qu'il donnait de son impartialité dans le règlement des différends survenus entre les Anglais et les indigènes, voyait de jour en jour s'accroître contre lui l'animadversion générale, son collègue d'Amérique gagnait la popularité, en même temps qu'il faisait de rapides progrès dans la confiance des hauts fonctionnaires.

M. Alcock ne fit rien pour ramener à lui l'opinion. Vivement blessé dans son orgueil national et dans ses sentiments personnels, car il avait eu pour le malheureux Heusken une affection toute particulière, il insista avec une fermeté impérieuse afin que satisfaction fût donnée aux nations occidentales pour les nombreuses offenses qu'elles venaient de subir. MM. du Chesne de Bellecourt et de Wit appuyèrent ses demandes, et le gouvernement japonais fut obligé de s'y soumettre. On convint donc que les temples de Todengi, Saï-Kaïgi et Chiogi, siéges des légations anglaise, française et hollandaise, auraient à l'avenir une garde nombreuse de soldats japonais, payés et entretenus par la cour de Yédo, afin de protéger la vie de nos ministres. On convint aussi que le taïkoun inviterait les envoyés étrangers à revenir dans la capitale, leur préparerait une entrée solennelle et leur ferait rendre le salut royal par les canons des forts.

Nos ministres avaient beaucoup insisté sur cette

dernière condition. Ils voulaient ainsi, par une démonstration extérieure, prouver à la population que les puissances européennes étaient assez fortes pour contraindre le gouvernement à les traiter avec respect; mais l'astuce de la cour de Yédo rendit illusoire cette partie du programme. La veille du jour où devait avoir lieu l'entrée solennelle, l'exercice du canon commença dans les forts désignés pour rendre le salut à nos ministres; il continua le lendemain, et pendant vingt-quatre heures on entendit les salves répétées de l'artillerie. Les coups de canon tirés au moment où MM. Alcock et du Chesne de Bellecourt entraient dans Yédo se confondaient, pour les habitants de la capitale, avec les feux d'artillerie qui les avaient précédés, tandis que nos représentants y voyaient un honneur, et en supputaient le nombre pour juger si rien ne manquait à l'exécution de la convention arrêtée. Au prix de quelques livres de poudre, le gouvernement japonais leur avait donné satisfaction sans se compromettre devant ses sujets, et M. Alcock put écrire au cabinet britannique : « Je suis persuadé que les circonstances qui ont accompagné ma rentrée dans Yédo sont très-favorables au maintien de relations pacifiquement amicales avec le Japon, et que ma sécurité personnelle ainsi que celle de mes collègues ne courront plus les mêmes risques que par le passé. » Les ministres européens ne connurent que beaucoup plus tard la supercherie dont ils avaient été les dupes, et il n'était plus temps alors d'en obtenir réparation.

Cependant la cour de Yédo commençait à comprendre que ses intérêts étaient liés avec ceux des étrangers ; elle les avait admis au Japon, et se trouvait obligée de les y maintenir. Le parti réactionnaire, dont elle avait brisé le système politique, était resté son irréconciliable ennemi, et, après avoir hésité quelque temps entre lui et le parti progressiste, le taïkoun reconnut la nécessité de revenir aux idées libérales inaugurées par le *gotaïro*. Dès lors se forma contre lui, et en même temps contre les étrangers, une vaste conspiration qui avait pour chefs le prince de Satzouma et le jeune prince de Kanga. Leur but, ouvertement avoué, fut de renverser le gouvernement en suscitant la guerre civile ou la guerre étrangère. Ils avaient l'espoir de soulever entre les Occidentaux et les Japonais des querelles si graves, qu'un conflit deviendrait inévitable. Ils regardaient comme facile de chasser les étrangers après avoir détruit le gouvernement qui les protégeait. La cour de Yédo fut donc placée dans la position la plus embarrassante deux années après nous avoir ouvert le Japon. Elle agit dans ces circonstances avec sagesse, et si l'orgueil national l'empêcha d'abord de se mettre sous la protection de ses alliés occidentaux et d'arborer franchement le drapeau du progrès, la violence de ses ennemis la força bientôt de renoncer à tout subterfuge et de se déclarer tout haut contre le parti réactionnaire.

Au nombre des mécontents qui fourmillaient alors au Japon se distinguaient, par leur sauvage fanatisme, les anciens serviteurs du prince de Mito et du gouverneur Hori-Oribeno-Kami. Ils parcoururent l'empire dans tous les sens, excitant les populations à la révolte contre le gouvernement du taïkoun, exagérant ses fautes, lui prêtant des intentions hostiles à l'indépendance des princes japonais, et montrant la nécessité de le renverser. Le moyen le plus prompt pour atteindre ce but était, selon eux, de l'engager dans une guerre contre les étrangers. Ceux-ci devenant tous les jours plus exigeants et plus impérieux, il fallait leur porter des coups sensibles, et ils demanderaient alors une satisfaction telle que le taïkoun serait obligé de la refuser ; ce refus ferait infailliblement éclater la guerre.

Sans doute la cour de Yédo eut connaissance de ce qui se passait, car elle prit des mesures extraordinaires de précaution pour protéger la vie et la propriété des étrangers qui, sur la foi des traités, étaient entrés en rapport avec le Japon. Yokohama fut entouré de fossés et de canaux, destinés à isoler du reste de l'empire les établissements où résidaient les commerçants occidentaux. A chaque entrée de la ville, on vit s'élever des postes occupés par des gardes japonais, et devant lesquels personne ne pouvait passer sans faire connaître l'objet de son voyage à Yokohama. La surveillance s'exerçait avec un soin particulier lorsqu'il s'agissait d'un *samouraï*[1]; pour circuler dans la ville étrangère, tout *samouraï* était obligé de se munir d'un *fouddé*, espèce de passe-port, qu'il devait attacher à la garde de son épée; celui qui négligeait de prendre ce sauf-conduit s'exposait à être immédiatement arrêté par la police de Yokohama. A Yédo, foyer de la conspiration anti-étrangère, on poussa les mesures de précaution plus loin encore. Le taïkoun ne se contenta pas de mettre pour ainsi dire les légations en état de siége; tous les membres de ces légations devinrent l'objet d'une surveillance incessante. Ils ne pouvaient faire un pas dans la rue, dans les cours mêmes de leurs habitations, sans se trouver entourés d'hommes armés qui, à pied ou à cheval, les accompagnaient partout et ne les perdaient pas un instant de vue.

Ces dispositions, adoptées par le gouvernement du taïkoun, n'avaient d'autre cause sans doute que d'excellentes intentions à l'égard des Occidentaux; cependant elles offusquèrent ceux-là mêmes qu'elles voulaient protéger. Les commerçants de Yokohama se plaignirent de ce que la surveillance aux portes

---

1. Noble qui a, on le sait, le droit de porter deux épées.

de la ville s'exerçait moins sur les personnes que sur les marchandises ; ils ajoutèrent, à tort ou à raison, que le gouvernement levait des impôts arbitraires et irréguliers sur tous les objets de commerce étranger, et que celui-ci en souffrait considérablement. Les résidents à Yédo ne furent pas satisfaits non plus de se voir traités comme des prisonniers d'État, et ils flétrirent du nom d'espionnage les mesures que le gouvernement appelait moyens de protection. Fatigués à la fin de voir constamment autour d'eux les visages attentifs et inquiets de leurs gardes japonais, ils renoncèrent, autant qu'il était possible, à leurs résidences officielles, et se rendirent pour quelque temps, M. du Chesne de Bellecourt à Yokohama, M. de Wit à Décima, et M. Alcock en Chine, où l'appelaient du reste ses affaires personnelles.

Vers la fin de juin 1861, M. Alcock revint de la Chine au Japon, et dans les premiers jours du mois suivant il partit du port de Nagasacki, situé au sud de l'empire, dans l'intention de se rendre par la voie de terre à Yédo. Son voyage, qui dura trente jours et dont il a écrit une relation intéressante [1], le conduisit à travers une grande partie du Japon, Il constata que le pays était admirablement cultivé, les villes animées et propres, les grandes routes bien

---

1. Cette relation, intitulée *the Capital of the Tycoon*, a paru à Londres, cette année même 1863, en 2 vol. gr. in-8°.

entretenues ; partout il lui sembla voir régner l'ordre et l'aisance. Son escorte japonaise suivit sans opposition le chemin qu'il avait tracé, si ce n'est dans deux occasions : on le pria une première fois de faire un détour afin de ne pas traverser Kioto, résidence du mikado, et il céda ; on voulut une seconde fois lui faire quitter sa route pour éviter une autre ville ; il résista et força l'escorte à lui obéir. Ces faits sans importance apparente précédèrent immédiatement un événement fort grave, dont on cherche encore en vain l'explication complète.

Le 3 juillet, M. Alcock arriva à Yédo, où il reprit possession de son ancienne résidence, le temple de Todengi. Dans la nuit qui suivit le jour de son arrivée, il fut attaqué dans cette demeure par une vingtaine d'hommes qui tuèrent plusieurs de ses gardes, blessèrent deux Anglais attachés à sa suite, et ne renoncèrent à leur projet de le massacrer lui-même qu'après avoir vaillamment soutenu un combat des plus inégaux contre une troupe nombreuse. Plusieurs des assaillants furent tués ; on trouva sur l'un d'eux un papier portant quatorze signatures, et dans lequel il était dit que quelques bons patriotes japonais avaient résolu de faire le sacrifice de leur vie dans l'intention d'expulser les étrangers, de « rendre le repos à l'empire, à son empereur le mikado, et au lieutenant de celui-ci, le taïkoun. » Il était évident que l'attentat avait été commis par quelques-uns de ces hommes intrépides et redoutés connus sous le nom de *lonines* ; mais il est probable qu'ils n'avaient été que les instruments du parti anti-étranger. MM. Alcock et du Chesne de Bellecourt se livrèrent à de longues et actives recherches pour découvrir à quelles instigations ils avaient obéi : il n'en résulta rien de précis. Quelques personnes accusaient les anciens serviteurs du prince de Mito et de Hori-Oribeno-Kami ; d'autres attribuaient le crime à des émissaires du prince de Kanga ou du prince de Satzouma. Personne n'osa désigner comme complice le gouvernement du taïkoun. Le papier saisi sur l'un des *lonines* insinuait à la vérité que les coupables comptaient parmi eux des partisans de la cour de Yédo ; mais on attribua cette insinuation aux ennemis de cette cour, qui s'étaient flattés ainsi de la brouiller avec les nations européennes.

L'attaque de la légation anglaise causa de grands embarras aux ministres étrangers résidant à Yédo. Après l'assassinat de M. Heusken, MM. Alcock et du Chesne de Bellecourt avaient manifesté leur indignation en termes trop énergiques pour se contenter d'une simple protestation en présence d'une insulte nouvelle et beaucoup plus grave. Ils résolurent donc d'opposer, en cas de besoin, la force à la violence, et s'entourèrent de corps de garde anglais et français. Cette démonstration leur donna une certaine sécurité personnelle, mais fournit en même temps la preuve évidente qu'ils n'avaient point réussi à établir avec le gouvernement japonais des relations vraiment amicales. A qui était la faute, à ce gouvernement ou aux envoyés européens? Tous ceux qui avaient quelque intérêt à résoudre cette question s'en préoccupèrent assez longuement, et leurs investigations finirent par amener un résultat tout à fait imprévu. Elles prouvèrent que le gouvernement avec lequel les étrangers avaient traité jusqu'alors n'était pas le véritable gouvernement du Japon, que la cour de Yédo ne pouvait prendre des engagements au nom de l'empire, enfin que le taïkoun, en concluant des traités avec les nations occidentales, en usurpant ainsi le pouvoir du maître suprême, s'était placé dans une situation illégale, et qu'il n'avait ni la force ni le droit d'accomplir les promesses faites aux alliés. C'est dans l'erreur où nous étions relativement à la puissance du taïkoun qu'il faut voir le germe de toutes nos difficultés avec le Japon. Il est nécessaire ici de compléter par quelques détails les observations générales que nous avons déjà faites sur le gouvernement japonais, et de donner ainsi à cette étude sa conclusion véritable.

Le mikado est l'empereur légitime du Japon. Le chiogoun ou le taïkoun, comme l'appellent plus communément les étrangers, n'est qu'un de ses grands dignitaires ; il occupe la position d'un maire du palais, chargé de l'administration de l'empire, sans avoir en aucune façon le pouvoir législatif. Quoique sa puissance réelle soit plus grande que celle du mikado, il se trouve cependant placé, dans la hiérarchie politique, non seulement au-dessous de lui, mais encore au-dessous de plusieurs hauts fonctionnaires que le mikado a le droit de nommer, et même au-dessous des dix-huit grands *daïmios* ou pairs du Japon. Si les taïkouns n'en sont pas moins restés, pendant des siècles, tranquilles possesseurs d'un pouvoir qui devait inévitablement susciter contre eux des jalousies et des haines, il faut chercher l'explication de ce curieux état de choses dans les lois par lesquelles Hiéas, le fondateur de la dynastie actuelle, avait lié sa cause à celle des divers princes japonais, en subordonnant la position et l'indépendance des daïmios à la position et à l'indépendance du taïkoun. Les dix-huit grands daïmios sont en effet des usurpateurs au même titre que le taïkoun. Originairement les daïmios étaient des gouverneurs ou des préfets que le mikado envoyait dans les différentes provinces pour en être les administrateurs responsables. Leur puissance, dans ces positions a fini par grandir de telle sorte que leur maître n'a plus eu sur eux une autorité suffisante pour les destituer, et que la dignité préfectorale est devenue héréditaire dans leurs familles. A partir de cette époque, ils ont considéré les provinces qu'ils gouvernaient comme leur propriété, et ont conquis une situation tout à fait indépendante vis-à-vis du mikado. Ils ont guerroyé les uns contre les autres pour étendre leurs principautés; souvent aussi plusieurs d'entre eux se sont unis afin de résister aux tentavives réitérées du mikado pour les réduire à l'obéissance. De longues et sanglantes guerres civiles ont alors désolé le Japon. De ces guerres est née la puissance des chiogouns, généraux que le mikado avait l'habitude d'employer contre ses sujets révoltés. Les chiogouns, abusant à leur tour du pouvoir dont ils étaient investis, manquèrent à cette fidélité qui les caractérisait depuis plusieurs générations, et firent la guerre pour leur propre compte au lieu de la faire au bénéfice de leur maître. C'est ce qu'avait fait Taïkosama, le prédécesseur de Hiéas.

Hiéas, qui parvint à la dignité du taïkounat en 1598, sortait d'une nouvelle famille de préfets. Son père avait été gouverneur de Mikana, et lui-même administrait cette petite principauté lorsque le chiogoun Taïkosama le nomma tuteur de son fils. A cette occasion, Hiéas avait obtenu l'administration de cinq autres provinces, dont Taïkosama venait de chasser les anciens préfets au nom du mikado. Il se trouvait ainsi maître de six provinces, mais il ne tenait du mikado, par son père, que la principauté de Mikana; cette principauté était de fort peu d'importance, et donnait à son gouverneur une position très-inférieure à celle des daïmios qui occupaient de grandes provinces comme celles de Kanga, de Satzouma, de Fosokava. Les daïmios refusèrent de voir dans Hiéas leur égal; à leurs yeux, la puissance réelle que lui donnaient les cinq provinces reçues de Taïkosama n'ajoutait rien à sa dignité. En effet, malgré leurs fréquentes rébellions contre le mikado, ils prétendaient n'avoir jamais méconnu ses droits légitimes. Au nombre de ces droits, l'un des plus importants, selon eux, était celui de donner l'investiture des fiefs, et, s'ils avaient combattu le mikado, ils l'avaient fait légalement, pour soutenir leurs propres droits à la possession permanente des fiefs dont ils avaient été investis. Or Hiéas, qui tenait la plus grande partie de sa puissance, non pas du mikado, mais du chiogoun, n'était à leurs yeux qu'un noble de fraîche date, prince seulement de Mikana, et ils ne pouvaient en aucune manière le regarder comme leur égal, eux qui descendaient des anciens et puissants préfets, eux qui représentaient la véritable noblesse japonaise!

Hiéas leur fit la guerre pendant treize ans et chassa plusieurs d'entre eux de leurs provinces, qu'il partagea entre ses parents, ses officiers et ses soldats. Les princes qu'il n'avait pas soumis, au nombre de dix-huit, se liguèrent pour lui résister, mais avec peu d'espoir de réussir, tant sa puissance et son habileté étaient devenues redoutables. Cependant ils parvinrent à rassembler une armée considérable. C'est en présence de cette armée que Hiéas s'arrêta dans sa marche triomphante. Il était alors au déclin de sa vie, et il appréhenda justement de compromettre dans une bataille le prix de sa longue et glorieuse carrière. Assez fort d'ailleurs pour faire quelques concessions, il put, sans que son orgueil eût à en souffrir, inviter les alliés à entrer en pourparlers avec lui. Ceux-ci s'empressèrent d'accueillir ses ouvertures et signèrent le fameux pacte qui porte le nom de *lois de Gongensama*. Le texte complet de cette constitution n'est pas encore connu. Pour expliquer la diversité qui existe dans les relations du taïkoun avec chacun des grands daïmios, il faut admettre que Hiéas traita séparément avec chacun d'eux, et que la constitution actuelle du Japon s'appuie sur dix-huit traités particuliers.

Les *lois de Gongensama*, qui réunirent pour la première fois, depuis longues années, l'empire divisé par tant de troubles, furent soumises à la sanction du mikado, qui ne put refuser de se rendre à la volonté unanime de ses redoutables vassaux. Ces lois d'ailleurs ne portaient pas atteinte à sa majesté extérieure ; elles le laissaient en possession indiscutée de son titre et lui donnaient tous les dehors de la puissance royale. Il perdait à la vérité le droit de destituer aucun de ses feudataires, mais il gardait celui d'accorder à chaque daïmio l'investiture de son fief, et jamais taïkoun ne pouvait entrer en fonction avant d'avoir obtenu confirmation de son pouvoir. De plus, il fut convenu qu'aucune réforme altérant la constitution ne serait exécutoire, si le mikado ne l'avait sanctionnée. La cour du Japon resta à Kioto. Quant au gouvernement, il fut transféré à Yédo, et le taïkoun en prit les rênes en qualité de chef du pouvoir exécutif. Le mikado y fut représenté par le corps réuni des dix-huit daïmios, gardiens naturels de la constitution japonaise. Ces derniers s'étaient astreints, afin de contre-balancer la puissance du taïkoun, à résider à des époques fixes dans la seconde capitale de l'empire. Sujets du mikado et non du taïkoun, s'ils avaient des obligations à remplir envers celui-ci, il était de son côté responsable envers eux de toute mesure touchant à l'intérêt général. Représentants de l'ancienne noblesse, pairs du Japon, souverains indépendants par la volonté et la grâce du mikado, ils ne continuaient à voir dans le taïkoun, chef du pouvoir exécutif, qu'un des grands officiers de l'empereur; ils le regardaient comme un parvenu chargé temporairement d'administrer les affaires, et dépourvu de cette dignité personnelle que dans les pays féodaux donne seule une haute et antique lignée.

Qu'on s'imagine la dédaigneuse déférence qu'aurait pu témoigner dans la France du dix-septième siècle un Montmorency pour Mazarin! Cette comparaison n'a pas la prétention d'être absolument exacte, mais elle montrera plus clairement que de longues considérations ne pourraient le faire de quelle nature sont les relations qui existent entre le mikado, les daïmios et le taïkoun. Les étrangers ne peuvent d'ailleurs saisir de ces relations que les lignes générales ; nous avons montré quelles difficultés les arrêtent. Il ressort toutefois des observations qu'on a pu faire deux points importants : c'est d'abord que la puissance du taïkoun est strictement limitée, et en second lieu qu'il en a dépassé les bornes en concluant des traités avec les étrangers sans avoir obtenu l'autorisation du mikado.

L'arrivée des Européens au Japon, les rivalités qui en étaient résultées entre le régent Ikammono-Kami et le prince de Mito, entre le ministre Ando et le gouverneur Hori, avaient divisé l'empire en deux partis prêts à se déclarer la guerre. La nouvelle de ces troubles était naturellement arrivée à Kioto. Le mikado chargé aujourd'hui des affaires du Japon, et que l'on représente comme un homme jeune et énergique, avait suivi avec le plus grand intérêt les phases successives des événements. Pour la première fois peut-être s'offrait à l'empereur légitime l'occasion de rentrer en possession de sa pleine autorité, d'abaisser la puissance et la richesse du gouvernement de Yédo, de secouer l'injure d'en recevoir une pension, de reprendre l'influence, de cesser enfin d'être un simulacre de roi. Des deux factions qui partageaient le Japon, la plus forte et la plus populaire était la faction hostile aux réformes inaugurées par le taïkoun. Il ne s'agissait pour le mikado que de se mettre à la tête du mouvement réactionnaire et de personnifier en lui-même le principe patriotique dont Mito et Hori avaient été les plus éminents martyrs. Des agents secrets du mikado se rendirent auprès des daïmios que la voix publique désignait comme opposés à la cour de Yédo, et les exhortèrent à s'unir à l'empereur légitime en leur démontrant que leurs intérêts se confondaient avec les siens. En même temps on fit circuler divers pamphlets avec l'intention évidente de pousser les daïmios à la guerre contre le taïkoun.

« Depuis des siècles, écrivait-on, les taïkouns, oubliant l'origine de leur pouvoir, ont porté atteinte à la dignité et à la puissance du mikado, leur maître, et la conduite du taïkoun actuel prouve qu'il ne faut attendre de lui ni équité ni bonne foi. Les choses en sont venues à ce point que les puissances étrangères considèrent le taïkoun comme le maître du Japon, et traitent l'empereur légitime comme un être sans force et sans influence. C'est au taïkoun que les barbares se sont adressés lorsqu'ils ont voulu conclure des traités avec le Japon; le mikado n'a pas même été consulté, et son approbation, qui est indispensable pour introduire des réformes dans la constitution, n'a pas été sollicitée. Cependant ces traités sont en vigueur comme s'ils avaient une valeur légale. Le taïkoun a donc commis un crime de trahison contre la majesté de son maître et contre la sainteté de la constitution en vertu de laquelle il se trouve placé à la tête du pouvoir exécutif. On ne peut nier que la cour du taïkoun s'efforce de concentrer toute la puissance du Japon à Yédo. Là sont les armes et les navires étrangers, là s'élèvent des écoles où l'on enseigne les arts et les sciences de l'Occident. Le commerce avec les barbares n'a lieu que dans les domaines du taïkoun; les grands daïmios n'ont pas le droit de lui ouvrir leurs ports; il n'enrichit que les sujets du taïkoun, et celui-ci en tire pour lui-même des bénéfices considérables. Le but que poursuit le gouvernement de Yédo est facile à prévoir : il s'arme, il se prépare à subjuguer tous ceux qui voudront un jour se soustraire à son autorité. Au temps de Hiéas, les dix-huit grands daïmios réunis ont pu opposer une résistance formidable; mais alors les armées des princes n'avaient vis-à-vis celle de Hiéas qu'une infériorité, celle du nombre. Aujourd'hui les chances ne sont plus aussi égales : les bateaux à vapeur du taïkoun, les armes à feu qu'il a achetées ou qu'il a fait fabriquer d'après les modèles étrangers, la connaissance d'un art tout nouveau de faire la guerre, lui donnent une supériorité dangereuse sur les autres princes japonais. Ceux-ci, pour éviter d'être attaqués isolément, doivent se réunir au plus tôt, et entraver par leur alliance la politique tortueuse du taïkoun. Le mikado est prêt à donner à la bonne cause l'appui de son nom ; mais, pour qu'il le fasse, il est nécessaire qu'une requête officielle lui soit adressée. Il n'est pas douteux qu'il ne l'accueille favorablement, et qu'il ne rétablisse l'union de la vieille noblesse avec l'empereur légitime. De cette union, qu'il a toujours ardemment désirée, naîtra le retour à l'antique et vénérable état de choses. »

Les daïmios, que la puissance sans cesse croissante du taïkoun tenait depuis longtemps en jalousie et en défiance, écoutèrent favorablement les paroles des agents du mikado. Plusieurs d'entre eux, et à leur tête Kanga, Satzouma, Schendei et Kfodora, se liguèrent et se rendirent en corps à Kioto, où ils arrivèrent le 26 mai 1862. Ils déposèrent publiquement une plainte contre le taïkoun, serviteur infidèle de l'empereur légitime, l'accusèrent d'avoir violé les *lois de Gongensama* et supplièrent le mikado d'instruire l'affaire, et, le cas échéant, de punir le coupable. Le mikado, qui s'attendait à recevoir cette plainte des principaux daïmios, dépêcha aussitôt un de ses officiers, qui arriva à Yédo le 12 juin 1862, porteur d'une lettre par laquelle il était enjoint au taïkoun de se rendre dans le plus bref délai à Kioto, pour se justifier devant son maître de l'accusation portée contre lui.

Le taïkoun Minamoto-Yemotschi essaya d'abord de décliner cet ordre et chargea un de ses fonctionnaires, le ministre Kouzé-Yamatono-Kami, membre du conseil des cinq, d'aller à Kioto et de porter au mikado une réponse hautaine ; mais Yamatono demanda avec instance de n'être pas choisi pour cette mission, et le taïkoun ayant insisté, il se suicida. Un autre grand dignitaire, Sakkaï-Vakassano-Kami, fut nommé à sa place et partit sans hésitation ; mais, à peine à Kioto, au milieu des fidèles serviteurs du mikado qui lui reprochèrent son obéissance au taïkoun comme une trahison contre l'empereur légitime, il perdit courage. Après une courte conférence avec les plénipotentiaires du mikado, qui le contraignirent à demander pardon pour avoir suivi les ordres du taïkoun, il rentra chez lui et s'ouvrit le ventre, afin d'épargner à sa famille la honte de sa disgrâce. Le suicide de ces deux fonctionnaires fut suivi d'un nouvel attentat contre la vie du ministre Ando, l'un des principaux chefs du parti libéral. La cour de Yédo comprit alors jusqu'à quel point le parti du mikado était devenu puissant, et que le moment de lui faire une opposition ouverte était passé. Déjà plusieurs daïmios avaient osé écrire une lettre dans laquelle ils déclaraient formellement qu'ils cesseraient à l'avenir d'aller résider à Yédo ; on violait ainsi les *lois de Gongensama*, on s'affranchissait tout à fait du pouvoir et de la surveillance du taïkoun.

En présence d'une situation si critique, le taïkoun se vit obligé de faire de grandes concessions. Il désigna un nouvel ambassadeur, Mazdaïri-Hokino-Kami, ancien gouverneur d'Osaka, homme fort habile, et l'envoya à Kioto avec un message pacifique. Le taïkoun se déclarait prêt à déférer aux ordres de l'empereur, mais il demandait que ces ordres lui fussent communiqués par un haut fonctionnaire, véritable ambassadeur du mikado; qu'il n'y fût fait aucune allusion à l'accusation portée contre lui par le daïmios, et qu'on donnât à son voyage l'apparence d'une visite de cérémonie. Cette visite avait un prétexte naturel, puisque le taïkoun venait d'épouser une sœur du mikado, et que, d'après l'étiquette japonaise, le nouveau marié va rendre ses devoirs à la famille de sa femme. Le mikado consentit à ces demandes; il considéra sans doute qu'il était dangereux de pousser trop loin ses exigences contre un prince aussi puissant que le taïkoun, et qu'il fallait se contenter, pour le moment, de l'avoir humilié en le forçant à reconnaître la suprématie de l'empereur légitime. Un très-haut fonctionnaire de la cour de Kioto, Oharra-Saïemmono-Kami, partit donc pour Yédo, où il arriva au commencement de juillet 1862. Il eut de nombreuses conférences avec les membres du conseil d'État, et retourna à Kioto après avoir obtenu la promesse formelle que, dans le délai d'une année, le taïkoun se rendrait auprès du mikado.

Sans attendre le résultat de cette visite, on peut déjà, d'après les faits qui viennent d'être exposés, reconnaître que si l'entrevue du taïkoun et du mikado doit exercer une grande influence sur les affaires du Japon, elle ne tranchera cependant pas toutes les difficultés. Le taïkoun est, en effet, trop puissant pour abdiquer volontairement un pouvoir que lui et ses ancêtres ont exercé pendant plus de deux siècles; le mikado, de son côté, ne laissera pas échapper sans une lutte opiniâtre l'occasion qui s'offre à lui de ressaisir la puissance dont sa famille a été dépossédée depuis le temps de Taïkosama. Un fait reste acquis néanmoins : c'est que les difficultés actuelles du Japon tourneront à l'avantage de l'Europe. Quel que soit le maître que les éventualités de cette lutte donneront au Japon, il devra se mettre résolûment à la tête du parti qui veut assurer par une politique nouvelle le progrès de l'empire. L'élément étranger qui a pénétré au Japon ne pourra plus en être expulsé. Qu'il le veuille ou non, le gouvernement japonais devra rester en relations avec les Occidentaux, et de ces relations naîtra inévitablement une situation meilleure. Ce que l'amour des conquêtes a fait dans les temps primitifs des sociétés humaines, ce qu'a su faire l'amour de la foi au moyen âge, c'est le commerce qui le fait aujourd'hui. Principal agent civilisateur des temps modernes, il procède d'une manière différente que n'ont fait, à d'autres époques, l'orgueil national et la croyance religieuse ; mais il tend au même but. Si la dévorante activité de nos marchands n'excite pas toujours les mêmes sympathies que l'héroïsme des guerriers et le dévouement des apôtres, ces hommes n'en servent pas moins avec une ardeur intelligente et féconde la cause de la civilisation occidentale ; ils vont répandre au loin la lumière dont leur patrie est le foyer ; ils portent l'influence du travail européen dans les contrées les plus éloignées, les plus barbares, et la meilleure garantie de vitalité qu'offre en ce moment la société japonaise se trouve dans la présence des négociants européens parmi elle, dans la part de plus en plus grande qu'elle-même sait faire aux idées et tentatives nées à la suite des relations commerciales entre le Japon et l'Occident.

CHAPITRE IX.

YOKOHAMA.

Premier établissement des étrangers. — Le port et le paysage. — Divisions de la ville : le quartier franc ; le quartier japonais ; *Benten* et le *Yankiro*. — Vie des résidants étrangers. — Le champ de courses. — Le cimetière. — Les domestiques : Comprador, Kotzkoï, Betto, Momba, Scindo. — Esprit de la communauté étrangère. — La ville japonaise. — Notices sur le commerce de Yocohama. — Une fête au *Yankiro*.

Le golfe de Yédo est d'un aspect grandiose : il s'étend du nord au sud sur une longueur de trente-quatre milles, et contient beaucoup d'excellents ports, parmi lesquels ceux de Yokohama, de Kanagava et de Yédo proprement dit sont visités sans cesse par les navires étrangers. Après avoir dépassé un groupe nombreux d'îles et d'îlots, on entre dans le golfe en laissant à droite le cap Souvaki, et à gauche le cap Sagami. Cette entrée a neuf milles de large, mais vers le milieu la mer se rétrécit et n'offre plus qu'un passage de six milles. En avançant un peu au nord et en face de l'îlot de Webster, un banc de sable se détache de la côte orientale et barre la mer dans une longueur considérable; c'est un endroit fort dangereux et qui a causé un grand nombre de sinistres maritimes. Au delà, le golfe s'élargit de nouveau, et vers le fond, là où il baigne Yédo, son étendue de l'est à l'ouest n'atteint pas moins de vingt-deux milles. Sur ce point, il ressemble à un lac immense dont les rivages offrent un spectacle des plus pittoresques. Le roi de cet admirable panorama, c'est le pic de Fousi-Yama, la *montagne sans pareille;* elle se trouve à l'ouest du golfe et s'élève à douze mille quatre cent cinquante pieds au-dessus du niveau de la mer; c'est un ancien volcan éteint depuis des siècles, et dont les flancs déchirés et bouleversés gardent encore les traces des révolutions dont il a été le théâtre. Les habitants de l'île sont fiers de cette montagne géante, du sommet de laquelle, suivant les légendes, les divinités supérieures président aux destinées de l'empire, et de toutes parts les Japonais s'y rendent en pèlerinage, les uns pour témoigner aux dieux leur gratitude, les autres pour conjurer leur colère.

Yokohama, qui s'élève sur la côte occidentale du

golfe, entre 139° 40' de longitude est, et de 35° 26' de latitude nord, ne doit son importance qu'aux relations de commerce qui, depuis la conclusion des derniers traités, ont commencé de s'établir entre Européens et Japonais. Au mois de mai 1859 c'était encore un de ces insignifiants villages qui se déploient en grand nombre et sur une ligne à peine interrompue le long de la route et des sinuosités du golfe, et dont les noms particuliers ne sont plus connus au delà d'une distance de quelques milles.

Les ministres plénipotentiaires des États-Unis, de la Grande-Bretagne, de la France et de la Hollande, M. Harris, lord Elgin, le baron Gros et M. Donker-Curtius, avaient cru d'une politique prudente et habile de choisir Kanagava pour la résidence future de leurs compatriotes. Kanagava, situé sur le *Takaïdo*, la grande route du Japon, à une faible distance du Yédo, au fond d'un havre commode et sûr, semblait en effet réunir toutes les qualités requises pour l'établissement des nouvelles communautés étrangères; mais ces qualités mêmes se changèrent en défauts aux yeux du gouvernement japonais. Des princes, des grands seigneurs, des fonctionnaires suivaient avec leur escorte la route de Kanagava pour se rendre à Yédo; on appréhendait que ce contact journalier n'amenât des querelles ou des insultes, ou peut-être, ce qui serait pire encore, une intimité trop grande entre Japonais et étrangers. Fidèle au système d'isolement qui prévaut au Japon depuis plusieurs siècles, la cour de Yédo résolut d'éloigner les étrangers de ce centre de population, et de les reléguer, sans en prévenir personne, dans un misérable village qui, loin de la grande route, sans importance, sans ressources, permettait d'exercer sur tout ce qui s'y passait une surveillance facile et complète. On y construisit à la hâte quelques bâtiments pour servir de magasins et de maisons d'habitation, et on les tint, avec des conditions très-peu onéreuses, à la disposition des nouveaux alliés, qui, le 1er juin 1859, se présentèrent, au nom des traités, pour s'établir à Kanagava.

Les ministres et consuls généraux de la France, de l'Angleterre, des Etats-Unis et de la Hollande protestèrent contre les mesures arbitraires adoptées par le gouvernement japonais; mais, en attendant une réponse à leurs réclamations, il fallait loger les négociants qui avaient apporté des marchandises de toute espèce. Force fut de les installer provisoirement à Yokohama. Un laps de temps assez considérable s'écoula; l'affaire traîna en longueur, et lorsqu'on s'avisa enfin de la terminer en accordant aux étrangers la liberté d'aller à Kanagava, ceux-ci étaient si bien établis à Yokohama qu'ils demandèrent d'eux-mêmes à y rester. « Le mouillage de Yokohama valait mieux que celui de Kanagava, disaient-ils. L'isolement où ils étaient réduits avait des avantages réels : il garantissait leur sûreté personnelle, il protégeait leurs biens et favorisait l'extension de leur commerce, puisque les marchands indigènes, toujours soigneux de cacher leurs relations avec les étrangers, aimaient mieux aller les trouver à Yokohama que d'être vus dans leur compagnie à Kanagava. »

Yokohama fut ainsi, par la force des choses, choisi pour l'une des trois résidences affectées aux Européens et aux Américains, et, grâce à leur activité, ce pauvre et obscur village devint en peu de temps une ville riche et florissante. Elle compte aujourd'hui trois ou quatre mille habitants, qui, tous sans exception, tirent des étrangers leurs moyens d'existence, et qui, pour cela même, sont appelés à jouer un rôle dans l'histoire de la régénération de leur patrie. Le commerce de Nagasacki et de Hakodadé n'est pas considérable : il consiste presque entièrement en articles d'exportation, et s'il augmente les revenus du Japon, il ne peut pas l'initier au secret des sciences et de l'industrie européennes. A Yokohama au contraire, l'importation est aussi active que variée, et les Japonais, en recevant les mille produits de l'industrie occidentale, prennent de continuelles leçons dont, avec leur vive intelligence, ils ont su déjà tirer parti.

Le port de Yokohama est vaste ; il pourrait abriter des centaines de navires. Des collines boisées, couvertes de champs cultivés et de bourgades, l'enferment au nord et à l'ouest; des montagnes, plus éloignées, au pied desquelles se trouvent en grand nombre des villes et des villages, le protégent contre les vents du sud. Il est ouvert au levant, mais les tempêtes qui s'élèvent de ce point de l'horizon sont fort rares, et jusqu'à présent on n'a eu aucun désastre maritime à y déplorer. Quant aux environs, ils offrent une grande variété de sites pittoresques. La nature, comme à Nagasacki, y a un charme si puissant, que la plupart des étrangers s'attachent à Yokohama comme à une seconde patrie.

La ville comprend quatre parties distinctes: le quartier franc, le quartier japonais, le *Benten* et le *Yankiro*.

Le quartier européen compte environ deux cent cinquante habitants, la plupart Anglais; il est coupé de grandes rues, larges, bien tenues et tirées au cordeau. Les maisons d'habitation présentent un curieux amalgame de l'art occidental et de l'art japonais; elles sont en général commodes, spacieuses, bien aérées, pourvues d'une *verandah* qui fait le tour du premier étage, couvertes d'énormes toits en tuiles blanches et noires, et bâties assez solidement pour résister à la pression des *typhons*, violents ouragans qui dévastent quelquefois les plages du golfe de Yédo[1]. Il y a quelques années, en 1859

---

1. Les tremblements de terre sont fréquents à Yédo, et y causent d'épouvantables désastres; celui par exemple qui eut

et en 1860, beaucoup de ces maisons étaient disposées ou décorées à la manière du pays : on y voyait des nattes en bambou, des images, des curiosités japonaises, et des châssis tendus de papier pour séparer les chambres les unes des autres. Aujourd'hui tout cela a plus ou moins disparu. Les résidants étrangers aiment à s'entourer d'objets et de meubles qui leur rappellent l'Occident, et on n'aperçoit plus dans la distribution ou dans l'arrangement de leurs demeures rien qui diffère de l'aspect général des intérieurs anglais ou français.

Entre le quartier franc et les collines qui se déploient en éventail autour du port s'étend une vaste plaine où l'on a établi à grands frais un beau champ de courses. La communauté européenne est composée presque exclusivement d'hommes jeunes et actifs, ennemis du repos et de la nonchalance orientale. Chacun d'eux possède un cheval, beaucoup même en ont deux ou trois, et aussitôt que le soleil descend à l'horizon et que la journée d'affaires est terminée, ils s'empressent de monter en selle et de parcourir les environs de Yokohama, tantôt isolément, tantôt en nombreuse cavalcade, mais allant toujours vite, et stimulant à l'envi l'ardeur de leurs petits poneys, à la tête intelligente, aux flancs mai-

lieu en 1855 y fit, dit-on, périr deux cent mille personnes. A Yokohama, ces cataclysmes se produisent rarement, et on n'y ressent jamais de secousses violentes.

gres, à l'allure rapide. Avec dé semblables habitudes, un champ de courses devait être à Yokohama une des nécessités de la vie sociale : il est tracé depuis deux ans, et on y célèbre au printemps et en automne des fêtes qui intéressent la communauté tout entière. On y engage des paris, et, grâce à l'intelligence que possèdent les Anglais des diverses branches du *sport*, tout s'y passe selon les règles de la noble science. Les Japonais admirent beaucoup la hardiesse et l'habileté que nous déployons dans ces passe-temps équestres, et reconnaissent de bonne grâce notre supériorité à cet égard. Eux-mêmes font usage de fort mauvaises selles qui fatiguent à la fois le cheval et le cavalier, et leur habitude est de ne pas aller autrement qu'au pas. Il y a pourtant parmi eux de bons cavaliers, ainsi que j'ai pu le remarquer lors de mes excursions à Yédo, où, comme tous les autres étrangers, j'étais continuellement escorté par une dizaine de Japonais à cheval.

Près du champ de courses, mais au delà du canal qui entoure Yokohama, on rencontre le cimetière étranger, au pied des collines, dans un petit vallon paisible et triste. La plupart de ceux qui y reposent, loin de leur patrie, loin de leurs amis, sont morts jeunes, à vingt ans, vingt-deux ans, vingt-six ans. On n'y voit aucune tombe de femme et d'enfant, et on n'y a encore enterré qu'un vieillard, l'infortuné capitaine Decker, qui fut massacré dans les rues de Yokohama. Autour de lui, on a placé les autres Européens qui ont succombé à une mort violente. Le nombre en est grand, excessif même, quand on le rapproche du chiffre total des inhumations. Il y a d'abord la tombe de deux officiers russes assassinés en plein jour pendant qu'ils se promenaient dans la grande rue de Yokohama. Le monument funéraire qui a été élevé en leur mémoire est le plus bel ornement du cimetière et a coûté une forte somme d'argent que le gouvernement japonais a été obligé de payer. Puis vient la tombe modeste d'un domestique du consul français, poignardé à l'entrée de la nuit devant la maison d'un négociant anglais. Une large pierre recouvre les dépouilles réunies des capitaines Voss et Decker, « hachés en morceaux dans la grande rue de Yokohama. » Une autre pierre indique la place où reposent les deux marins anglais qui furent traîtreusement attaqués pendant qu'ils veillaient à la sûreté de la légation britannique de Yédo. Un fanatique, qui se tua aussitôt après avoir consommé son crime, les mit à mort au seuil de la chambre du colonel Neal, chargé d'affaires de la Grande-Bretagne. La dernière victime de la haine que le parti patriotique a vouée aux étrangers est M. Lenox Richardson[1]. Sa mort a enfin

---

1. Depuis que nous avons écrit ces lignes, on a eu à ajouter un

éveillé la sollicitude du gouvernement anglais, et menace d'attirer une vengeance éclatante sur la tête des meurtriers et sur le parti auquel ils appartiennent.

Après avoir visité ce cimetière, où est écrite en lettres de sang la courte et funèbre histoire de nos relations avec le Japon, on ne s'étonne plus de l'usage généralement adopté par les étrangers de porter sans cesse un revolver. Dans la journée même, on n'aime pas à s'éloigner du quartier européen sans être muni d'une arme défensive, et le soir on ne sort presque jamais que le revolver à la main. J'ai vu un temps où l'on ne quittait pas ses armes, même à table, et beaucoup de personnes ne se couchent pas encore à présent sans avoir pris la précaution de glisser un pistolet sous leur oreiller.

Ce trait caractéristique de nos rapports avec les indigènes s'explique par la révolution profonde que notre installation a causée dans la politique japonaise. Un parti puissant, riche, nombreux, le parti patriotique, s'est déclaré l'ennemi des étrangers, et, pour se débarrasser d'eux, il a recours aux moyens

---

nouveau nom à la longue liste des victimes du fanatisme japonais. M. Camus, un officier français, chef de la garde particulière du ministre de la France au Japon, a été trouvé assassiné sur la grand'route, dans les proches environs de Yokohama, où il était allé faire une promenade à cheval (septembre 1863). Les meurtriers ont échappé jusqu'à ce jour à toute poursuite.

les plus violents. Les étrangers ne sont pas les seuls qui souffrent de cet état de choses. De tous côtés on entend parler d'actes de violence, de suicides, de massacres. On se souvient de l'assassinat du régent, de l'attentat sur la vie du premier ministre Ando, de la mort tragique du prince de Mito, du suicide du gouverneur Hori et des ambassadeurs du *taïkoun* auprès du mikado. De tels faits prouvent que le Japon traverse en ce moment une crise douloureuse, une époque de troubles et de désordres; tout le monde en souffre, et les étrangers, cause involontaire, mais directe de la révolution actuelle, ne font que partager, au milieu de ces dangers toujours renaissants, le pénible sort commun à tous ceux qui habitent l'empire du mikado. Les Japonais d'ailleurs ne s'étonnent nullement de ce qu'un homme ne s'éloigne pas de sa demeure sans être armé, et plus d'une fois j'ai vu un *kotzkoï* (domestique) remettre à son maître le revolver qu'il avait oublié de prendre chez lui, comme il lui aurait apporté sa canne ou son parapluie. Une arme quelconque est le complément obligé du costume de beaucoup de Japonais, et on ne trouve rien d'extraordinaire à ce qu'ayant adopté cette mode, nous ayons substitué le revolver au sabre, l'arme favorite des indigènes. Loin de s'en offenser comme d'une insulte ou d'une menace, ils y voient tout au plus un acte de précaution ou plutôt une habitude occidentale, et à leurs yeux elle est peut-être la moins étrange parmi celles dont nous les avons rendus témoins [1].

Puisque j'ai parlé du *kotzkoï*, qui tient lieu du *boy* chinois, il me reste à citer le *comprador*, le *betto*, le *momba* et le *scindo*, qui complètent ordinairement l'état de maison d'un négociant étranger.

Le *comprador*, chef des autres domestiques, est l'homme de confiance de la maison. Il remplit l'office d'un véritable intendant ; il a les clefs de la caisse, il règle les comptes, assiste à tous les marchés, et son avis est d'un grand poids dans la conclusion des affaires. Les *compradors* sont ordinairement des Chinois : ils parlent et écrivent l'anglais, et savent assez de japonais pour être en état de traiter avec les indigènes sans avoir recours à des

---

1. Les Japonais sont tellement accoutumés à nous voir faire des choses qui leur semblent bizarres ou inutiles, qu'ils ont fini par trouver naturel tout ce qu'il nous plaît de faire. Il faut croire qu'ils nous considèrent comme des êtres extraordinaires chez qui rien ne doit surprendre. C'est une plaisanterie assez commune que de se livrer en leur présence à toute espèce d'excentricités. Jamais rien ne leur arrache un sourire. On les voit quelquefois réfléchir pour découvrir la raison d'une singularité nouvelle ; mais, comme ils n'en trouvent pas, ils préfèrent ordinairement l'admettre sans examen, ainsi qu'ils ont fait des autres. Un de mes amis, le dessinateur W.....n, s'avisa un jour de me rendre visite monté sur une vache qu'il avait harnachée à la façon des chevaux de selle. Dans ce grotesque équipage, il avait traversé la ville entière, mais il n'avait excité le rire que chez les étrangers qu'il avait rencontrés ; quant aux indigènes, ils l'avaient vu passer sans faire la moindre attention à lui.

interprètes. La plupart sont aussi adroits qu'honnêtes, et ont acquis une parfaite connaissance des articles qu'ils ont à vendre ou à acheter.

Le *kotzokoï* est une espèce de valet de chambre ; il n'est ni aussi habile ni aussi bien dressé que le *boy* chinois, mais il a du zèle et de la bonne volonté, et il témoigne souvent un sincère attachement au maître qu'il sert.

Le *betto* (groom) est un jeune serviteur obligé d'accompagner toujours son maître au dehors ; il a donc mainte occasion de l'approcher, de s'entretenir avec lui ou de lui rendre de légers services : aussi le traite-t-on avec indulgence et devient-il aisément familier. Il est exact à soigner le cheval qui lui est confié ; mais la qualité qu'on apprécie le plus en lui, c'est d'être bon coureur. Où va son maître, et quelle que soit l'allure qu'il prenne, le devoir du *betto* est de le précéder à pied, d'être à la tête du cheval. Si la course est longue, il lui arrive parfois de s'accrocher à la selle et de se faire traîner par la bête, tout en faisant de son côté de grands bonds ; mais il n'agit ainsi que dans un cas d'extrême fatigue, et souvent il fait à la course preuve d'une vigueur remarquable. Il est d'ailleurs mauvais sujet, il aime à boire et à jouer, et il se querelle souvent avec ses camarades. Tous les *bettos* d'une même ville forment une corporation dont le chef prélève sur chacun d'eux un tribut assez élevé, à la condition de les nourrir et de les loger lorsqu'ils se trouvent sans place; ceci contribue encore à faire d'eux des domestiques très-indépendants.

Le *momba* (gardien) dort le jour et se promène la nuit dans le *hong* (enceinte murée qui contient la maison d'habitation et les magasins) pour empêcher des malfaiteurs de s'y introduire. Muni de deux morceaux de bois dur, il les frappe comme des battoirs l'un contre l'autre, et ce bruit, constamment renouvelé, sert à prouver au maître, si par hasard il s'éveille, que le *momba* est à son poste. On n'emploie les *scindos* (bateliers) que dans les grandes maisons de commerce ou chez les consuls et ministres étrangers, qui sont obligés, dans l'intérêt de leur service, d'avoir des canots à leur disposition. Les *scindos* sont des hommes sûrs, robustes, infatigables au travail, et qui au besoin font d'excellents pilotes. Leurs gages, comme ceux des autres domestiques, varient de 2 à 3 *rios* (20 ou 30 francs) par mois, moyennant quoi ils pourvoient eux-mêmes à leurs frais de nourriture et d'habillement[1].

---

1. Chez les Japonais, les maîtres se chargent de pourvoir à la plupart des frais d'entretien de leurs domestiques; ils leur fournissent même le tabac, mais ils ne leur assurent que des gages assez faibles, comparés à ceux que leur payent les Européens. Un bon domestique au service d'un Japonais ne gagne que 30 ou 35 francs par an, une servante de 20 à 25 francs.

Voici quelques autres chiffres que je n'ai acceptés qu'après les avoir fait vérifier par différentes personnes bien informées,

Il y a peu d'Européens au Japon qui ne soient entourés de la petite troupe de serviteurs que je viens de désigner. Un *kotzkoï*, un *betto*, un *momba*, font partie des maisons les plus modestes. Aussi le maître, quel qu'il soit, prend vite le ton du comman-

et qui peuvent avoir quelque intérêt à titre de renseignements sur les mœurs japonaises. Un laboureur, loué à l'année, nourri et logé par son maître, reçoit, avec des vêtements d'été et d'hiver, de 30 à 60 francs argent comptant. Le prix ordinaire de la journée d'un laboureur est de 300 *ceni* (environ 50 centimes), nourriture comprise, ou de 400 à 600 *ceni* (de 70 centimes à 1 franc), nourriture non comprise. — La solde annuelle d'un simple soldat du taïkoun consiste en vingt sacs de riz et 50 francs argent comptant. Un sac de riz contient 40 *siou* (environ 160 livres anglaises). Avant l'arrivée des étrangers, un sac de riz valait 5 francs; aujourd'hui il vaut 10 francs. La solde d'un officier dont le grade correspond à celui d'un lieutenant de nos armées est de cinquante sacs de riz et de 600 francs argent comptant.

Les grandes fortunes sont rares, à ce qu'il paraît, au Japon. Un homme passe pour être à son aise lorsqu'il a 1000 francs de revenu, et pour riche lorsqu'il en a 2000. Les *daïmios* (princes) et les grands marchands ont cependant des fortunes considérables. Les revenus des six princes les plus puissants du Japon sont ainsi évalués d'après les documents publiés en 1860 par le gouvernement japonais dans son almanach officiel : prince de Kanga, 1 200 000 *kokf* [*] de riz; — prince de Satzouma, 770 800; — prince de Schendey, 620 500; — prince de Fossokawa, 540 000; — prince de Kouroda, 520 000; — prince d'Aki, 426 000.

[*]. Un *kokf* de riz contient cent *siou*. Un *siou* pèse exactement 1900 grammes. Un *kokf* de riz vaut environ de 20 à 25 francs. Le prince de Satzouma, le protecteur des meurtriers de M. Richardson, a donc environ 16 millions de francs de revenu. Il ne faut pas oublier qu'avec cette somme il a une nombreuse armée à entretenir.

dement, et adopte vis-à-vis des indigènes des façons de grand seigneur qui deviennent un trait du caractère commun à tous les résidants des colonies lointaines. On a vu cette habitude dégénérer en orgueil hautain et ridicule ou en brutalité. Le plus souvent toutefois les domestiques japonais n'ont pas lieu de se plaindre de la condition qui leur est faite chez leurs maîtres européens, et ils la préfèrent à celle qui les attendrait chez leurs compatriotes.

Les étrangers forment à Yokohama une société presque entièrement composée de jeunes gens. Cette société a les défauts de la jeunesse, mais elle en a aussi les qualités. Si elle est vive et emportée, elle est généreuse et brave, et jusque dans ses écarts elle peut rester excusable. J'ai vécu pendant plus d'une année à Yokohama, j'y ai reçu partout un accueil cordial, et je tiens à protester contre le jugement sévère et mal fondé que les voyageurs de passage ont formulé sur l'esprit de la communauté étrangère de cette ville. Cet esprit n'est ni mauvais ni corrompu ; c'est simplement l'esprit d'une société à peine formée, qui sort de l'enfance, et à laquelle manquent les goûts et les leçons de l'âge mûr. En revanche, on y rencontre de l'abandon, de l'amabilité, de l'obligeance, surtout une ardeur qui contraste agréablement avec les allures réfléchies et nonchalantes des colons du tropique. A Yokohama, on est toujours prêt à travailler, à se divertir, comme à se quereller. On y gagne beaucoup d'argent, on y arrange constamment des parties de plaisir, et on y est divisé en factions dont les querelles sans cesse renaissantes, débattues par les journaux du pays dans un langage qui paraîtrait inouï en Europe, font la joie des spectateurs indifférents ou désintéressés.

La ville japonaise de Yokohama, qui, depuis son origine comme cité (juin 1859), a été deux fois détruite de fond en comble par de violents incendies, est séparée de la ville européenne par une large chaussée. Elle est composée de trois grandes rues parallèles à la plage et de plusieurs rues transversales qui coupent ces principales artères à angles droits, et forment ainsi un certain nombre d'îlots de maisons. Chacun de ces îlots est séparé le soir des îlots voisins au moyen de fortes grilles en bois auprès desquelles veillent des postes de police. Cette prudente mesure a été adoptée après l'assassinat de MM. Vos et Decker, dont on ne réussit pas à découvrir les meurtriers, bien que le crime eût été commis dans la grande rue de Yokohama et à une heure peu avancée de la nuit. Depuis la formation de ces postes de police, aucun nouveau crime n'a été commis dans l'enceinte de la ville.

Tout autour des cités étrangère et japonaise, on a creusé un fossé ou plutôt un canal, qu'on traverse sur des ponts gardés par des postes militaires. Personne ne peut de cette manière entrer à Yokohama ou en sortir sans être soumis à un interrogatoire qui, lorsqu'il s'applique à un Japonais portant des armes, est fort sévère. On s'enquiert d'où il vient, quelles affaires l'appellent à Yokohama, dans quel endroit il va loger, quand il doit repartir, et on ne lui permet de circuler librement que muni d'une plaque de bois (*fouddé*) servant de passe-port, et qu'il est forcé de tenir à la main ou attachée à la garde de son épée. La ville de Yokohama se trouve ainsi tout à fait isolée du reste de l'empire ; le gouvernement du taïkoun y exerce une surveillance facile et complète, et ce n'est pas sans motif qu'en faisant allusion à l'ancienne colonie hollandaise on l'a surnommée le *Decima de Yédo*.

La plupart des maisons de la ville japonaise sont exiguës et construites en bois léger. Presque toutes se sont transformées en bazars. C'est là qu'on voit en étalage les belles curiosités en bois laqué, en ivoire sculpté, en bronze et autres métaux, qui ont fait une si grande et si juste réputation au génie industriel et à l'art des Japonais.

Les Japonais sont d'excellents marchands, en ce sens qu'ils finissent presque toujours par triompher de la patience des acheteurs européens. Ils font souvent des demandes exagérées, et comme ils n'attachent aucun prix au temps, ils y persistent pendant des heures et pendant des journées, n'ayant nul souci en apparence de conclure ou de manquer une affaire. Leur théorie du négoce est extrêmement simple : vendre le plus cher possible. Un profit raisonnable ne leur suffit pas. Aussi exaspèrent-ils nos négociants, qui, pratiquant le commerce d'après des principes plus élevés et plus honnêtes, se plaignent à bon droit d'avoir affaire à des gens de mauvaise foi et sans intelligence. Ceci s'explique en partie par la position que les marchands occupent au sein de la société japonaise : ils appartiennent à la classe la plus infime, et on ne peut guère s'attendre à trouver chez eux les principes de probité, les vues larges et libérales dont le grand commerce occidental se fait gloire.

Malgré ces difficultés et malgré les entraves que le gouvernement du taïkoun apporte au libre développement des relations entre ses sujets et les Européens, le commerce de Yokohama s'est rapidement accru, et aujourd'hui il est devenu considérable. Dans le courant d'une seule année, on a exporté de cette ville pour 60 millions de francs de soie, et avec les ressources incalculables dont dispose le Japon il est probable que ce chiffre ira encore en augmentant durant une longue suite d'années [1].

---

1. Vingt et une provinces japonaises, faisant partie de l'île de Nippon, produisent de la soie. Elles sont situées entre 30 degrés et 41 degrés de latitude nord, et 135-141 degrés de longitude est. La province la plus riche sous ce rapport est celle d'Ossio

Le troisième quartier de Yokohama, le Benten, formait jadis un village à part; il se trouve à l'extrémité nord de la ville, et tire son nom d'un temple vénéré appelé Benten-Sama-no-mia. Il est peuplé d'artisans et de pêcheurs, sans compter une multitude de moines qui desservent le temple de la déesse Benten-Sama. Cette idole entreprend de fréquents voyages à travers la province pour être livrée à l'admiration des fidèles. Lorsqu'elle rentre dans son temple, on célèbre à Benten des fêtes solennelles (*madzouris*), à l'occasion desquelles le village entier se transforme en véritable champ de foire; on y voit alors des lutteurs, des théâtres, des bêtes cu-

---

(36-41 degrés nord et 139-141 degrés est), qui couvre une superficie d'environ deux mille cinq cents milles carrés. La production totale des vingt et une provinces s'élève à près de 4 300 000 kilogrammes, chiffre qui est de plus du double de la production de la France, et qui égale ce que l'Italie et l'Espagne rapportent ensemble. Le principal entrepôt des soies est à Kioto, résidence du mikado; cette ville se trouve à une faible distance d'Osakka, grande ville de commerce qui, d'après les traités, devrait déjà être accessible aux étrangers, mais dont l'ouverture a été retardée de quelques années. Depuis la franchise du port de Yokohama (1859), le prix des soies a haussé de 100 pour 100, et la production totale a augmenté d'environ 25 pour 100. — Outre la soie, le Japon fournit au commerce étranger divers articles : thé, cuivre, algues marines, cire végétale, coton brut, camphre, charbon, fer, salpêtre, vert-de-gris, curiosités et porcelaines, huile, poissons secs, racines de *ginseng* et autres comestibles. De tous ces produits, le thé seul mérite ici une mention particulière. Il est de bonne qualité et commence à être fort apprécié, surtout en Amérique; en Europe, on lui trouve trop de bouquet.

rieuses, des saltimbanques, etc. Benten ne renferme qu'une seule habitation européenne, le consulat hollandais. C'était en 1862 la résidence étrangère la plus grande et la plus belle de Yokohama.

Le *Yankiro*, le quartier des *maisons de thé*, a été relégué en dehors de la ville, où il occupe l'emplacement d'un marais qui a été desséché à grands frais. On y arrive par une étroite chaussée dont les deux extrémités sont gardées par de forts détachements de soldats. Le *Yankiro* a été, dans l'espace de quelques années, deux fois détruit par le feu ; il contient dans sa forme actuelle les plus belles maisons japonaises qu'on puisse voir à Yokohama. Il sert de de-

---

Le commerce d'importation est d'un intérêt moins général et moins direct que celui d'exportation. Les Japonais recherchent cependant certains produits de l'industrie anglaise, et ils ont acheté récemment aux Européens de grandes quantités de zinc. On leur a vendu aussi des armes à feu et plusieurs bateaux à vapeur ; mais ces articles, auxquels on en pourrait ajouter d'autres d'une importance secondaire (montres, instruments d'optique, livres, cartes géographiques, estampes), ne suffisent pas à établir la balance entre les deux branches du commerce. Il faut importer des sommes considérables d'argent monnayé pour acheter les soies et les thés qui du Japon sont embarqués pour les marchés de Londres, de Lyon et de New-York. Comme en Chine, c'est le dollar mexicain qui a cours sur le marché de Yokohama ; mais les commerçants indigènes comptent par *itzibous*, petite monnaie d'argent qui équivaut à un tiers de dollar, mais que, à cause d'un système d'échange très-défectueux, on est forcé d'acquérir à un prix beaucoup plus élevé. Au lieu de recevoir 300 *itzibous* par 100 dollars, on en reçoit ordinairement de 210 à 240.

meure à neuf cents jeunes filles, chanteuses, danseuses et courtisanes que le premier venu a le droit de louer à la journée, à la semaine ou au mois. Lorsqu'un Japonais donne un grand repas, il est d'usage qu'il fasse venir un certain nombre de ces jeunes filles, qui, durant toute la fête, doivent jouer, danser et chanter.

Le *Yankiro* est d'origine européenne : il a été institué sur la demande formelle d'un consul étranger qui espérait remédier ainsi aux rixes sanglantes entre Japonais et matelots européens, si souvent renouvelées dans les rues de Yokohama. Aussi à peine la construction du *Yankiro* fut-elle terminée que le propriétaire s'empressa d'en faire connaître publiquement l'ouverture. Un matin tous les étrangers, les consuls les premiers, reçurent un petit paquet contenant une tasse en porcelaine, un éventail en papier et une bande d'étoffe bleue. Sur la tasse était écrit en lettres japonaises et en caractères latins le mot YANKIRO, l'éventail déroulait aux yeux une vue à vol d'oiseau de cet établissement, et sur la bande on lisait en anglais en forme de légende : *This place is designed for the pleasure of foreigners.*

Le Japon est un étrange pays, et les Européens qui y résident pendant quelque temps ne peuvent se soustraire entièrement à l'influence de ses coutumes particulières. Personne ne s'offusqua le moins du monde de l'invitation, et beaucoup s'y rendirent. Pendant toute une nuit, ce fut une grande fête au *Yankiro*. Tout l'établissement, composé d'une quarantaine de corps de logis, était magnifiquement illuminé avec de grandes lanternes en papier de couleur. Dans la plus belle salle de la maison principale, on avait dressé une longue table chargée de tout ce que la cuisine japonaise offre de plus délicat ; là étaient assis les hôtes étrangers, fumant, buvant, mangeant et riant, écoutant le bruyant concert que donnaient une vingtaine de *ghékos* (chanteuses), regardant les contorsions auxquelles se livraient les *o-dooris* (danseuses), et se laissant servir par de nombreuses *djooros*, qui, vêtues de leurs plus riches atours, allaient et venaient, exécutant silencieusement les ordres que leur transmettait l'*o-bassan* (surveillante), qui trônait gravement à l'un des bouts de la table. Les *kotzkoïs* (domestiques) se tenaient près de la porte, épiant les regards de leurs maîtres et échangeant entre eux des signes d'approbation au sujet du spectacle auquel il leur était permis d'assister ; dans le vestibule s'étaient réunis les bateliers, palefreniers et porteurs de palanquin : ils étaient accroupis autour d'un *brasero*, et, animés par le *sakki* qu'on leur avait largement distribué, ils se livraient, avec des cris et des rires, à une bruyante conversation. Des lanternes de papier, suspendues en grand nombre à de longs bâtons et décorées des armes de leurs propriétaires, éclairaient la joyeuse compagnie.

Le jour succédait à la nuit lorsque nous quittâmes ce bruyant quartier. Nous traversâmes la ville japonaise déserte à cette heure, et nous arrivâmes au port. Près du rivage, nous distinguâmes les silhouettes noires des navires européens qui dormaient sur leurs ancres, et dont les hautes mâtures se dessinaient sur un ciel grisâtre. Cette vue ramena nos pensées vers l'Europe, dont partout, depuis quelques semaines de voyage sur les côtes japonaises, nous avions reconnu l'influence de plus en plus active et puissante. Nous oubliâmes alors la vieille civilisation orientale qui s'était manifestée à nous sous un aspect si bizarre dans les scènes de l'inauguration du *Yankiro*, et nous pensâmes à la transformation que doit subir tôt ou tard la société japonaise, et à ces nations occidentales qui en seront, si elles comprennent dignement leur tâche, l'instrument providentiel.

CHAPITRE X.

YÉDO.

La route de Yokohama à Yédo. — Le *Tokaïdo*. — Kanagava. — Middle-way teahouse. — Lenox Richardson. — Kavasacki. — Le *Tsha-ja* de Kavasacki. — Le temple de Daï-si. — Mendiants. — Omori. — Un cortége de daïmio. — Sinagava.

Les villes de Nagasacki, de Yokohama et de Hakodadé sont accessibles au commerce étranger depuis le 1ᵉʳ juillet 1859. Yédo, capitale du *taïkoun* et depuis 1859 résidence des ministres français, anglais, américain et hollandais, devait être ouvert le 1ᵉʳ janvier 1862; mais à cette époque le gouvernement japonais objecta que la population se montrait trop hostile aux Occidentaux pour que le maintien des relations pacifiques pût être assuré, et l'on décida, d'un commun accord, que la capitale resterait encore fermée à notre commerce pendant un temps indéterminé, que nos ministres et consuls généraux continueraient seuls à y résider, et que tout autre étranger, fonctionnaire, négociant ou voyageur, ne pourrait s'y rendre à moins d'être muni d'une autorisation spéciale, délivrée par le représentant d'une des nations occidentales.

Lors de ma première visite à Yédo, en 1859, j'étais parti de Yokohama sans autre guide que mon *betto* (espèce de *groom*). A Kavasacki, grand village situé au milieu de la route entre Yokohama et Yédo, j'avais rencontré le secrétaire de la légation américaine, M. Heusken, le meilleur cicerone et le plus aimable compagnon de voyage que l'on pût désirer. Après avoir congédié son betto et le mien, M. Heusken m'avait fait abandonner la grande route et m'avait conduit à Yédo par des sentiers bien entretenus qui serpentaient à travers la campagne. Tout y respirait le bien-être et la paix : les nombreux villages, les vastes plaines couvertes de riches cultures, les travailleurs répandus dans les champs. Parfois nous gravissions de petites collines à la pente douce, et du haut desquelles on découvrait un panorama enchanteur. A l'horizon s'étendait à perte de vue la mer bleue comme le ciel et sillonnée par d'innombrables barques de pêcheurs, dont on voyait glisser rapidement sur les flots les grandes voiles carrées. A nos pieds, de vertes rizières descendaient jusqu'au rivage et formaient comme un magnifique jardin. Des bouquets d'arbres centenaires abritaient de vieux temples à la toiture énorme, à l'architecture fantastique, et de petites fermes dont les blanches murailles en papier et en bois brillaient gaiement à travers la sombre verdure. Une brise tiède nous apportait les exhalaisons des fleurs, un calme pénétrant régnait autour de nous ; tout invitait au repos. Jamais je n'avais si bien senti le bonheur de l'homme qui vit au sein de la nature. Nous arrivâmes le soir même à Yédo sans que personne nous eût demandé d'où nous venions et où nous allions.

Tout était bien changé en 1862. M. Heusken, regretté de tous ceux qui l'avaient connu, était mort assassiné ; plusieurs étrangers avaient eu le même sort. Les représentants des puissances occidentales, justement alarmés pour la sûreté de leurs nationaux, avaient adopté un ensemble de mesures qui faisaient ressembler une promenade à Yédo à une reconnaissance militaire en pays ennemi. Cependant, désireux de compléter les études que j'avais entreprises lors de mon premier séjour à Yédo, je m'empressai d'accepter la proposition du général Pryne, ministre des États-Unis, qui m'invitait à passer quelques jours dans sa résidence de Dsen-fou-dsi, où il exerçait une si large hospitalité. Un de mes amis, M. P...st, de Shang-haï, ayant manifesté le désir de m'accompagner dans la capitale, je dus à l'amabilité de M. de Wit, consul général de Hollande, l'autorisation spéciale dont il avait besoin, et nous quittâmes Yokohama le 5 août 1862 pour prendre la route de Yédo. Afin d'éviter les fortes chaleurs de la journée, nous partîmes de grand matin, et, pour abréger la distance que nous devions parcourir à cheval, nous nous rendîmes en bateau à Kanagava, situé à 4 kilomètres de Yokohama. A Miono-Kachi, lieu du débarquement, nous trouvâmes nos *bettos*, qui nous avaient devancés avec nos chevaux.

L'escorte qui devait nous accompagner nous attendait; elle se composait de neuf *yakounines* (officiers). Les *bettos*, pour être plus propres à la longue et rapide course qu'ils allaient fournir, s'étaient dépouillés de leurs vêtements et n'avaient gardé qu'une étroite écharpe ceinte autour des reins. Les *yakounines*, hommes petits, maigres, nerveux, avaient un aspect tout à fait martial : ils portaient de larges chapeaux ronds et plats, excellents pour garantir de la pluie et du soleil; leurs longues robes, relevées sur le devant, laissaient voir de larges pantalons en soie de couleurs brillantes. Ils avaient pour chaussures des sandales de paille; un manteau court (*haouéri*) leur tombait gracieusement sur les épaules. A leur ceinture, ils portaient suspendus les deux formidables sabres sans lesquels un noble japonais ne se montre jamais hors de chez lui; leurs chevaux, petits et assez laids, était harnachés avec goût, même avec une certaine magnificence.

Le chef de l'escorte vint à notre rencontre, nous salua avec cette politesse exquise qui caractérise toutes les classes de la société japonaise, et, après s'être assuré que nous étions bien les personnes qu'il avait reçu l'ordre d'accompagner à Yédo, il se déclara prêt à nous suivre. Nous montâmes en selle, nos *bettos* partirent au pas de course, et quelques minutes plus tard nous traversions Kanagava[1]. Tout le monde était couché; les rues, si animées au moment des affaires, étaient désertes. Quelques-uns de ces chiens-loups à moitié sauvages, que l'on rencontre en grand nombre par tout le Japon, montraient au coin des rues leurs museaux pointus, et s'enfuyaient en hurlant et en aboyant après avoir reconnu que nous étions des étrangers.

A l'extrémité de Kanagava, près de l'ancien consulat hollandais, nous arrivâmes devant un poste de

---

1. Kanagava servait jadis de résidence aux consuls de France, d'Angleterre, d'Amérique et de Hollande. Depuis deux ans environ, tous se sont retirés à Yokohama, à l'exception du consul américain. Avec ce fonctionnaire, un missionnaire et un docteur forment en ce moment toute la population étrangère de Kanagava.

police où quelques hommes, accroupis autour d'un *chibats* (*brasero*), buvaient du thé et fumaient. Le chef de notre escorte exhiba les passe-ports que lui avait remis le gouverneur de Yokohama, et, cette formalité remplie, nous continuâmes notre route en nous dirigeant sur Kavasacki, grand village distant de Yokohama d'environ 12 kilomètres. La route, après avoir longtemps suivi la plage, s'incline vers la gauche, et traverse une vaste plaine formée d'alluvions, couverte de rizières et peuplée de hérons, de grues et d'autres oiseaux aquatiques. Des collines d'une hauteur moyenne de quatre cents pieds bordent cette plaine du côté opposé à la mer, et en marquent les anciennes limites.

La route de Kanagava à Yédo fait partie du *tokaïdo* (chemin de l'ouest), qui traverse tout l'empire du Japon, depuis Nagasacki, à l'extrémité sud, jusqu'à Hakodadé, au nord, et qui relie entre elles les grandes cités de Kiou-siou, de Sikokf et de Nippon. C'est une chaussée fort bien entretenue et qui est des plus pittoresques. Dans le voisinage de Yédo et en général à proximité des grandes villes, elle est très-animée et bordée des deux côtés par de nombreux villages qui se suivent de près et qui sont reliés entre eux par des chaumières, des fermes isolées et des *maisons de thé*[1]. La route entière ressemble

---

1. Il ne faut point confondre ces maisons de thé situées sur la

ainsi à une longue rue. Les voyageurs qu'on y rencontre vont à pied ou se font porter soit dans de grandes litières (*norimons*), soit dans d'étroites et incommodes chaises (*kangas*). Les nobles seuls ont droit de se servir d'un *norimon*. La forme et la grandeur de ces litières varient suivant le rang des personnages. Les *norimons* sont formés d'une caisse oblongue en bambou natté, surmontée d'un toit en bois léger, et ressemblent à une maison en miniature. Ceux des hommes sont blancs et noirs; ceux qu'emploient les femmes de distinction et les prêtres sont revêtus de laques rouges ou vertes. Les voitures ne sont pas connues au Japon; à peine y voit-on quelques lourdes charrettes traînées par des bœufs [1]. Quant aux chevaux, ils font l'office de bêtes de somme, mais on ne les attelle jamais à un véhicule. Les cavaliers sont très-rares sur la route, car il n'appartient qu'à des officiers d'un certain rang de monter à cheval, et l'étiquette japonaise exige que, pour se rendre d'une ville à une autre, ils voyagent en *norimons* et se fassent accompagner d'une nombreuse escorte.

A mi-chemin entre Kanagava et Kavasacki, se

grande route, ou *tscha-jas*, avec les *djoro-jas*, dont j'ai déjà parlé. Les *tscha-jas* sont des établissements respectables où le voyageur trouve du repos et des rafraîchissements.

1. C'est dans des chariots ainsi attelés que voyagent quelquefois les membres de la famille du *mikado*.

trouve une maison de thé qui est connue sous le nom anglais de *middle-way tea-house*. Elle est tenue par une bonne vieille femme et sa fille, jeune et jolie créature que les résidants français de Yokohama ont surnommée *la belle Espagnole*. Ce fut près de cet endroit que le pauvre Lenox Richardson périt assassiné. Mourant, il se traîna jusqu'au seuil de la maison qui lui était bien connue et demanda à boire. La bonne et courageuse fille s'inquiéta peu de la présence des assassins; se souvenant sans doute du salut amical que Richardson lui avait adressé en passant par là, plein de force et de jeunesse, quelques instants auparavant, elle lui apporta une coupe remplie d'eau qu'il vida avec la soif fiévreuse d'un homme blessé à mort. Peu après il expira. La jeune fille alla chercher une natte et en couvrit le cadavre. A ce moment même, des soldats faisant partie de l'escorte du prince de Satzouma vinrent à passer; ils se ruèrent sur le corps inanimé, le mutilèrent, puis le jetèrent comme un objet immonde dans un champ voisin. La fille d'auberge les suivit, et pieusement elle couvrit le cadavre une seconde fois. C'est dans cet état que le trouvèrent M. du Chesne de Bellecourt, le ministre de France, MM. Vyse et de Graeff van Polsbroek, les consuls anglais et hollandais et leur suite.

Dans le jardin qui s'étend derrière la *maison du mi-chemin*, il y a une éminence d'où l'on plane sur le golfe de Yédo. Devant nous, ce golfe magnifique se déployait comme un immense lac ; à notre droite s'ouvrait le port de Yokohama. Une vingtaine de navires français y reposaient sur leurs ancres ; un bateau à vapeur marchant à grande vitesse vint prendre place au milieu de la petite flottille ; c'était *le Yang-tse*, le fameux bâtiment de MM. Dent, que tous les Européens résidant en Chine et au Japon connaissent et aiment, parce que bien souvent il leur a apporté des nouvelles d'Occident un ou deux jours plus tôt que les autres navires partis en même temps de Hong-kong ou de Shang-haï [1].

De la *maison du mi-chemin*, une route bien entretenue nous conduisit en une demi-heure à Kavasacki. La chaussée, qui traverse les champs de riz, est coupée vers son extrémité par une petite rivière sur laquelle on a jeté un pont de bois. Les rares passants que nous rencontrâmes à cette heure matinale ne firent pas grande attention à nous ; mais la

---

[1]. On construit pour les mers de Chine et du Japon les meilleurs bateaux à vapeur qui puissent se construire en Angleterre et en Amérique, et les grandes maisons de commerce de Shang-haï et de Hong-kong rivalisent entre elles pour avoir les bateaux les plus rapides. Plusieurs de ces bâtiments valent des sommes énormes : il en est un qui ne charge que quelques centaines de tonneaux de marchandises, et qui a coûté à ses propriétaires plus de 2 millions de francs ; mais aussi le service maritime entre Hong-kong et Shang-haï est-il fait avec une précision admirable, et cela malgré les ouragans terribles qui visitent si fréquemment ces parages.

présence de notre escorte leur inspira un certain respect : tous s'empressèrent d'ôter leurs chapeaux dès qu'ils nous virent arriver, et ils n'osèrent les remettre que lorsque nous les eûmes dépassés de beaucoup. Un seul homme, volontairement ou par oubli, nous regarda passer, la tête enveloppée dans un grand mouchoir. Un de nos officiers s'approcha vivement de lui, et, le frappant d'un violent coup de cravache à la tête, il lui parla avec colère. L'homme se jeta immédiatement à genoux en se décoiffant et en implorant son pardon.

Dans nul pays au monde on ne tient tant qu'au Japon à la stricte observance des lois de l'étiquette et de la civilité. Cela s'explique en partie par la bienveillance propre au caractère japonais, et surtout par les mœurs régulières qu'entretient le système politique purement féodal de l'empire. Le respect dû à la noblesse est la religion du Japon. Cette religion est intolérante et fanatique ; elle a ses martyrs et ses victimes. L'histoire japonaise fourmille d'exemples qui prouvent que tout *samouraï* (noble) doit être préparé à faire le sacrifice de sa vie pour donner la mort à celui qui a offensé son suzerain [1].

---

[1] Un fonctionnaire d'un rang élevé, ayant été insulté par un de ses collègues, se retira de la cour, et, après avoir fait son testament, se donna solennellement la mort au milieu des siens. Un certain nombre de ses amis, devenus fameux dans l'histoire du Japon, entreprirent de le venger. Ils se rendirent nuitamment

Aussi une insulte est-elle chose fort grave au Japon ; on y a grand soin de ne point faire d'offense inutile, et l'on y observe, dans tous les rapports de la vie, une politesse accomplie, exagérée même. Il suit de là naturellement qu'un acte d'incivilité étant plus rare, est en même temps plus grave au Japon que partout ailleurs, qu'un manque d'usage équivaut à une insulte et qu'un homme mal élevé est regardé comme un être dangereux, sinon criminel.

Kavasacki est un gros bourg qui peut renfermer environ dix mille habitants. Les maisons, de bonne apparence, sont neuves pour la plupart, un incendie ayant récemment détruit une grande partie des anciennes habitations. Nous passons devant la poste et devant l'hôtel de ville, résidence d'un officier ayant rang de vice-gouverneur et remplissant les fonctions de maire. A quelques pas de là, nous

au palais de celui qui avait causé la mort de leur chef, massacrèrent une foule de domestiques et s'emparèrent de la personne de leur ennemi ; ils le mirent à mort en lui coupant la tête. Ensuite ils placèrent ce trophée sanglant sur la tombe de celui qu'ils avaient promis de venger. — Le lendemain, ils s'assemblèrent autour de cette même tombe ; et, après avoir adressé une longue allocation aux mânes de leur chef et prononcé une courte prière, chacun d'eux tira son sabre, s'ouvrit le ventre et mourut sur la place. Cette histoire, appelée l'*histoire des trente-cinq lonines*, est populaire au Japon ; chaque enfant la sait par cœur et a appris à l'admirer. Véridique ou non, elle prouve chez le peuple qui s'en glorifie un sentiment de l'honneur personnel extrêmement développé.

rencontrons un de ces coureurs qui sont au Japon chargés du service postal. Hiver comme été, on les voit, lorsqu'ils exercent leur métier, presque entièrement nus ; ils n'ont qu'une étroite ceinture en coton blanc autour des reins et des sandales en paille [1]. Sur l'épaule gauche, ils portent un bâton en bambou ; à l'une des extrémités est attachée une boîte ficelée et cachetée contenant les lettres, à l'autre pend une lanterne en papier où sont peintes les armes du prince au service duquel est entré le coureur. Dans la main droite, il tient une sonnette, et balançant le bras, pour faciliter sa course, il la fait tinter à des intervalles courts et réguliers. Cette sonnette tient lieu du cor de nos postillons. En l'entendant à la station qui marque le terme d'une course, l'homme de service se prépare à partir immédiatement ; il reçoit le paquet de lettres apporté par son camarade, et s'éloigne au pas gymnastique. La poste japonaise parvient de cette manière à faire parcourir en vingt-quatre heures une distance de plus de 200 kilomètres. Le service postal ordinaire ne se fait pourtant pas avec la

1. Les chaussures japonaises sont d'un bon marché extraordinaire : une paire de sandales communes, telles que le bas peuple en porte en voyage, ne coûte pas même un sou ; elle s'use assez vite, et on la remplace. On en voit un très-grand nombre sur les routes, et personne, pas même un mendiant, ne se donne la peine de les ramasser.

même célérité ; car, pour recevoir à Yokohama une lettre de Nagasacki, il faut compter huit jours, bien qu'il n'y ait entre ces deux villes que 1100 kilomètres. Les coureurs japonais possèdent un grand fonds de résistance : ils vont les genoux pliés, les épaules rejetées en arrière ; ils rasent le sol de leurs pieds et ils respirent avec bruit.

A l'extrémité de Kavasacki, au bord d'un petit fleuve, le Lokoungo, qui va se jeter dans le golfe de Yédo, on trouve une auberge (*tscha-ja*), qui, semblable au *middle-way tea-house*, est bien connue de tous les étrangers de Yokohama. Le Lokoungo marque la limite du territoire franc. Kavasacki est le dernier village, du côté de Yédo, que les étrangers aient le droit de visiter, et comme dans les environs il y a un temple fort curieux, et que le *tscha-ja* est bien tenu, ceux qui habitent Yokohama s'y rendaient assez fréquemment, et parfois en nombreuse et joyeuse compagnie. On les recevait jadis à bras ouverts, car ils payaient sans regarder ou sans comprendre, quand ils s'avisaient de jeter les yeux sur la note que leur présentait l'hôtelière ; aujourd'hui nous ne sommes plus les bienvenus.

Le maire de Kavasacki, agissant sans aucun doute d'après des instructions reçues de haut lieu, n'a pas voulu souffrir que les *todjins* (hommes de l'Occident) se rendissent trop familiers avec les gens du village. Il n'a pas permis qu'ils y répandissent de l'argent, et le *tscha-ja* est non-seulement placé sous une surveillance sévère, mais il est soumis à des impôts extraordinaires et tellement considérables, que les propriétaires, tout en volant les étrangers de leur mieux, souffrent plutôt de leur venue qu'ils n'en profitent. Aussi la vieille femme qui tient l'auberge de Kavasacki s'est empressée, bien malgré elle, d'en faire disparaître ce qui peut en rendre le séjour agréable. Les servantes jeunes et alertes, qui s'ingéniaient en 1859 à nous préparer de bons repas, ont cédé en 1862 leur place à de vieilles maritornes qui nous regardent de travers et mettent très-peu de bonne grâce à nous servir.

Près de Kavasacki s'élève le vaste temple de Daïsi-Gnavara-Hegensi. On le compte parmi les plus beaux du Japon. C'est un ancien édifice, couronné d'un large toit, orné de belles et curieuses sculptures, placé au centre d'une vaste cour dallée, et entouré d'un épais bouquet d'arbres de haute futaie. Comme dans un grand nombre de temples bouddhistes, la disposition intérieure présente beaucoup de ressemblance avec celle des églises catholiques. Le maître-autel est suivi d'un sanctuaire auquel on arrive par plusieurs marches, et il est accompagné à droite et à gauche d'autres autels qui portent des images en bois doré; plusieurs d'entre elles, avec l'auréole qui ceint leur tête et les nuages sur lesquels leurs pieds reposent, semblent être des copies de nos *vierges* et de nos *saints*. Des *ex-voto* couvrent les murailles. Près de la porte d'entrée se tient un homme qui vend des images, des médailles, des chapelets et des prières imprimées. Des nattes d'une propreté irréprochable garnissent le parquet; on y voit agenouillés çà et là des moines dont le couvent se trouve dans l'enceinte du temple; leur tête rasée et leurs vêtements rappellent les moines et les prêtres catholiques : ils ont, comme ces derniers, l'aube, le surplis, le chapelet, les sandales.

En général il est difficile de ne pas admettre, lorsqu'on se trouve dans un temple japonais, qu'il existe de nombreuses relations entre les cultes de l'Orient et de l'Occident. On n'en est que plus surpris de la tenue des Japonais; si leur dévotion est sincère, il faut avouer qu'elle ne les astreint pas à des pratiques extérieures bien sévères. Ceux qui entrèrent avec nous à Daïsi riaient et causaient à haute voix ; ils nous appelaient d'un bout du temple à l'autre pour attirer notre attention sur tel ou tel objet, et faisaient de bruyants commentaires lorsque nous prenions une note, ou que nous demandions une explication. A la fin, fatigués de nous suivre, ils s'accroupirent autour d'un *brasero*, et se mirent à boire du thé et à fumer. Je m'approchai alors d'un moine qui, depuis notre entrée, *officiait*, et qui avait à peine levé la tête pour nous regarder. A genoux devant une table large et basse, chargée de fruits et de grains, il murmurait des prières et alimentait avec de petits morceaux de bois et des gouttes d'huile odoriférante le feu qui brûlait dans un antique vase de bronze : de temps en temps, il choisissait des feuilles ou des grains qu'il jetait parmi les flammes. C'était un jeune homme à la figure fine et intelligente, comme on en voit beaucoup au Japon ; il était vêtu d'une longue robe blanche, et, s'il ne lui eût manqué le capuchon, on l'eût pris pour un moine de l'ordre des chartreux. En sortant du temple, nous fûmes abordés par un gros bonze, qui paraissait être le supérieur de la communauté, et qui, avec beaucoup de bonne grâce, nous pria d'entrer au réfectoire pour y prendre quelques rafraîchissements.

A la porte de Daïsi, des mendiants lépreux, infirmes ou estropiés, d'un extérieur pitoyable, nous entourèrent, implorant notre charité. En général, il y a peu de misère au Japon : la vie matérielle coûte si peu, que les mendiants mêmes ne sont pas dans une position précisément affligeante; de plus les Japonais, sans avoir, à ce qu'il me semble, l'âme très-compatissante, n'en font pas moins de fréquentes aumônes. Rarement on rencontre des mendiants dans les rues ou sur les grandes routes ; presque toujours on les voit se tenir aux abords des temples. Ils attirent l'attention en poussant des cris plaintifs, en récitant certaines formules de prière, ou en frappant avec un marteau de bois un vase creux en bois verni qui est placé devant eux. Ils appartiennent à une caste particulière, regardée en quelque sorte comme impure. La saleté et les difformités les rendent souvent si hideux, qu'ils inspirent encore plus de dégoût que de pitié. On remarque parmi eux beaucoup de lépreux, d'aveugles; un grand nombre de ces malheureux est atteint de la hideuse éléphantiasis.

Avant d'arriver au petit fleuve de Lokoungo que j'ai déjà nommé, il faut traverser une porte en bois gardée par un poste de police. On y examina nos passe-ports, puis nous entrâmes avec nos chevaux dans le bac, qui nous mena de l'autre côté du fleuve, sur le territoire de Yédo. Les approches des grandes capitales ont, dans tous les pays du monde, un caractère particulier : les routes s'animent d'une population qui a un air plus vif et plus intelligent; les maisons, plus vastes et plus riches, sont ornées avec plus de goût et de luxe ; les animaux mêmes semblent embellis par le voisinage d'un grand centre de civilisation. Telle est aussi la physionomie des environs de Yédo. La route qui part de Kavasacki, et qui mesure environ 12 kilomètres de long, est entretenue avec plus de soin encore que celle de Kanagava. De jolies habitations, reliées entre elles par de grands jardins, forment une ligne à peine interrompue de villages et de bourgades.

A Omori, nous nous arrêtâmes, selon l'habitude des Européens, dans le principal *tscha-ja* de l'endroit. Cette maison de thé est charmante; deux jeunes filles modestes et bien élevées y servent des rafraîchissements aux voyageurs; elles m'avaient vu en 1860 dans la société du pauvre Heusken, qui leur faisait de fréquentes visites, et elles me parlèrent de sa mort en témoignant de vifs regrets.

Dans les environs d'Omori, nous rencontrâmes le cortége d'un *daïmio* (prince féodal). A cette vue, nos gardes japonais parurent très-inquiets, et voulurent nous faire entrer dans un chemin de traverse, afin d'y attendre que le cortége fût passé; mais, comme la route était fort large et que nous pouvions continuer d'y marcher sans gêner personne, nous nous refusâmes à prendre cette précaution[1]. Nous vîmes donc défiler l'imposante escorte avec laquelle le puissant prince de Fossokawa se rendait de la capitale dans sa province. Deux hommes, marchant tête nue malgré l'ardeur du soleil, précédaient le cortége; ils criaient à de courts intervalles le mot *stàniero*, qui annonce à la population l'approche d'un de ses maîtres. A cet appel, un silence

1. On sait que M. Lenox Richardson fut massacré à l'occasion de sa rencontre avec le cortége d'un *daïmio*; mais il ne faut pas oublier que cette rencontre eut lieu dans un chemin étroit et encaissé, et que M. Richardson et ses compagnons, involontairement sans doute, jetèrent plus ou moins de trouble dans l'ordonnance du cortége.

respectueux se fait de toutes parts : les travaux s'interrompent, beaucoup de maisons se ferment, et les habitants se hâtent d'y rentrer ; les bêtes de somme sont rangées sur le bord de la route, ou même emmenées au milieu des champs ; les voyageurs se jettent à genoux et attendent, le front incliné jusqu'à terre, que le *norimon* (litière) du prince ait passé. Derrière les hérauts marchaient une quarantaine de soldats armés les uns de fusils, les autres de lances, tous des deux sabres passés dans la ceinture ; le fer des lances et les canons des fusils étaient enfermés dans de solides étuis en cuir, portant peintes en or les armoiries du prince de Fossokawa. C'est en vertu d'une loi fort sage que les armes sont ainsi enveloppées.

Le Japon étant de tous les pays civilisés celui où l'usage de porter des armes est le plus répandu, on a été forcé d'adopter des mesures sévères afin de parer le mieux possible aux inconvénients de cette dangereuse coutume. Personne ne peut dans la rue, si ce n'est dans le cas de légitime défense, tirer son sabre sans encourir les peines les plus graves : le coupable s'expose à être condamné à mort après avoir été déclaré déchu de sa noblesse. Dans le Satzouma, province du midi dont les habitants passent pour avoir le caractère ardent et querelleur, la loi se montre plus sévère encore. Si en public un homme, sous n'importe quel motif, a tiré son sabre contre quelqu'un, il ne lui est plus permis de le remettre au fourreau avant d'avoir terminé un combat à mort : d'après la loi, il doit lutter jusqu'à ce qu'il tombe ou qu'il tue son adversaire. Sort-il vainqueur de ce duel à mort, il n'est point à l'abri, s'il a été l'agresseur, de l'impitoyable loi qui le condamne à la cruelle alternative de s'ouvrir le ventre ou de subir la peine capitale. Si au contraire il a versé le sang en défendant légitimement sa vie, il n'est ni puni ni même blâmé, et sa considération personnelle ne peut qu'y gagner; mais s'il a déserté le champ de bataille sans y laisser le cadavre de son agresseur, il n'est pas jugé digne de survivre à cette honte, et il faut aussi qu'il choisisse entre une mort volontaire et l'échafaud. C'est en vertu de ces injonctions rigoureuses, qui défendent en temps de paix d'exposer au jour une arme quelconque, que les fers de lance et de pique, les canons même de fusil, sont enveloppés soigneusement dans des étuis; on ne les ôte qu'en cas d'expédition militaire en pays ennemi, ou lorsqu'il s'agit d'escorter un criminel au lieu de son exécution. Aussi sir Rutherford Alcock, le ministre anglais, qui avait l'habitude de se faire accompagner à Yédo par des lanciers de sa propre nation, fut-il invité par le gouvernement japonais à dissimuler les fers de lance de son escorte pour éviter de faire naître chez les habitants la supposition qu'il nour-

respectueux se fait de toutes parts : les travaux s'interrompent, beaucoup de maisons se ferment, et les habitants se hâtent d'y rentrer; les bêtes de somme sont rangées sur le bord de la route, ou même emmenées au milieu des champs ; les voyageurs se jettent à genoux et attendent, le front incliné jusqu'à terre, que le *norimon* (litière) du prince ait passé. Derrière les hérauts marchaient une quarantaine de soldats armés les uns de fusils, les autres de lances, tous des deux sabres passés dans la ceinture; le fer des lances et les canons des fusils étaient enfermés dans de solides étuis en cuir, portant peintes en or les armoiries du prince de Fossokawa. C'est en vertu d'une loi fort sage que les armes sont ainsi enveloppées.

Le Japon étant de tous les pays civilisés celui où l'usage de porter des armes est le plus répandu, on a été forcé d'adopter des mesures sévères afin de parer le mieux possible aux inconvénients de cette dangereuse coutume. Personne ne peut dans la rue, si ce n'est dans le cas de légitime défense, tirer son sabre sans encourir les peines les plus graves : le coupable s'expose à être condamné à mort après avoir été déclaré déchu de sa noblesse. Dans le Satzouma, province du midi dont les habitants passent pour avoir le caractère ardent et querelleur, la loi se montre plus sévère encore. Si en public un homme, sous n'importe quel motif, a tiré son sabre contre quelqu'un, il ne lui est plus permis de le remettre au fourreau avant d'avoir terminé un combat à mort : d'après la loi, il doit lutter jusqu'à ce qu'il tombe ou qu'il tue son adversaire. Sort-il vainqueur de ce duel à mort, il n'est point à l'abri, s'il a été l'agresseur, de l'impitoyable loi qui le condamne à la cruelle alternative de s'ouvrir le ventre ou de subir la peine capitale. Si au contraire il a versé le sang en défendant légitimement sa vie, il n'est ni puni ni même blâmé, et sa considération personnelle ne peut qu'y gagner; mais s'il a déserté le champ de bataille sans y laisser le cadavre de son agresseur, il n'est pas jugé digne de survivre à cette honte, et il faut aussi qu'il choisisse entre une mort volontaire et l'échafaud. C'est en vertu de ces injonctions rigoureuses, qui défendent en temps de paix d'exposer au jour une arme quelconque, que les fers de lance et de pique, les canons même de fusil, sont enveloppés soigneusement dans des étuis; on ne les ôte qu'en cas d'expédition militaire en pays ennemi, ou lorsqu'il s'agit d'escorter un criminel au lieu de son exécution. Aussi sir Rutherford Alcock, le ministre anglais, qui avait l'habitude de se faire accompagner à Yédo par des lanciers de sa propre nation, fut-il invité par le gouvernement japonais à dissimuler les fers de lance de son escorte pour éviter de faire naître chez les habitants la supposition qu'il nourrissait à leur égard des projets hostiles. Les lois japonaises relatives au port d'armes ont eu, il faut le reconnaître, de bons résultats, car il est remarquable que dans un pays où l'on rencontre un aussi grand nombre de gens armés qu'au Japon les collisions sérieuses soient si rares. Revenons au cortége du prince de Fossokawa.

Après l'avant-garde venaient huit soldats portant de longues hallebardes et des insignes dont la forme particulière indiquait le rang élevé du maître. Parmi ces marques de distinction, il y en avait une singulière, un chapeau en plumes de corbeau, qui servait plus spécialement à désigner la dignité de *daïmio*. Je vis ensuite s'avancer, comme une maison roulante, le lourd *norimon* (litière) : il reposait sur les épaules de douze hommes qui marchaient d'un pas égal, la tête et les jambes nues, comme l'exige l'étiquette japonaise.

A peine fûmes-nous en vue, qu'un officier, qui se tenait hors des rangs, courut à la portière du *norimon*, probablement pour annoncer au prince que des étrangers se trouvaient dans le voisinage. On tira aussitôt les rideaux de telle façon qu'il nous fut impossible de rien entrevoir de la personne du grand seigneur qui passait si près de nous. A droite du *norimon*, un officier portait, enveloppé dans un drap de velours, un sabre, l'arme précieuse et honorée du prince. Derrière la litière, quatre palefreniers conduisaient deux beaux chevaux de selle, magnifiquement harnachés ; puis suivait en bon ordre le reste de l'escorte militaire, composée d'environ quatre cents hommes, tous bien armés, et dans une tenue irréprochable. Les officiers supérieurs se faisaient porter dans des litières plus petites que celle de leur maître.

L'imposant cortége s'avançait, comme nos troupes en marche, sur deux files, et couvrait une étendue considérable du *to-kaïdo*. Il était fermé par une multitude de domestiques (deux ou trois cents au moins), qui portaient chacun, aux extrémités d'une perche posée sur l'épaule, deux coffres en bambou contenant la garde-robe et autres effets de voyage de leurs maîtres respectifs. Tout le cortége défila en silence devant nous. Çà et là, des soldats ou même quelque officier nous lançaient des regards peu aimables ; mais nous ne fûmes l'objet d'aucune démonstration ouvertement hostile. Nos *yakounines*, qui avaient ôté leurs chapeaux et qui osaient à peine lever les yeux, avaient l'air fort embarrassé ; ils ne reprirent leur bonne humeur qu'en voyant enfin la route libre devant eux, et ils parurent très-contents d'être sortis sains et saufs de la situation où le hasard nous avait placés.

Au delà d'Omori, la route s'anima de plus en plus. Après avoir franchi plusieurs ponts en bois et traversé de jolis villages dont chaque habitation était une boutique, un restaurant ou une auberge, nous tournâmes à droite, nous rapprochant ainsi de nouveau de la mer, que, depuis Kavasacki, nous avions perdue de vue, et tout à coup nous aperçûmes en face de nous Yédo, la seconde et la plus opulente des deux capitales du Japon [1].

La situation de cette ville est des plus heureuses. D'une étendue plus vaste que les grandes métropoles de l'Europe, elle est située sous un beau ciel et sur un terrain doucement ondulé, au bord d'un golfe magnifique dont elle suit la courbe gracieuse. Les parcs et les jardins la couvrent en si grand nombre qu'ils lui donnent, de loin, l'aspect d'un parc immense. De toutes parts on aperçoit des arbres disposés en massifs ou en allées ; leur épais feuillage masque les modestes habitations bourgeoises, et ne laisse voir que les temples et les innombrables palais des familles princières qui, depuis deux siècles, sont obligées de résider à Yédo, dans le voisinage et sous la surveillance du taïkoun. On voit, dans le golfe, des bâtiments de toute espèce, tels que bateaux à vapeur d'Occident, acquis à grands frais par la cour de Yédo ; navires à voiles, également de construc-

---

1. La première et l'ancienne capitale du Japon est, on le sait, Kioto, où réside le mikado, le souverain légitime ; elle se trouve dans l'intérieur du pays, à 50 kilomètres d'Osakka, le plus grand entrepôt du commerce japonais, et figure sur nos cartes sous le nom de Miako, qui signifie simplement *capitale*.

tion européenne ; jonques plaquées de cuivre, à la lourde mâture et aux voiles carrées ; bateaux de pêche, à la poupe effilée en bec de canard ; enfin, petites embarcations en nombre incalculable. Au milieu du golfe, à 3 ou 4 kilomètres du rivage, on a construit, il y a peu de temps, cinq forts dont les murailles en granit clair forment un contraste pittoresque avec la fraîche verdure qui tapisse les remparts et avec le sombre azur de l'eau qui les entoure. Dans le lointain, vers l'ouest, court la chaîne des hautes montagnes de Hankoni, et au-dessus d'elle se détache, dans sa solitaire et incomparable magnificence, le pic de Fousi-yama.

Nous traversons une petite place carrée où l'herbe pousse et qui renferme au centre une statue en pierre d'un Bouddha. Une douzaine de chiens à demi sauvages s'enfuient en hurlant à notre approche. C'est la place des exécutions capitales, située comme une menace à l'entrée même de Yédo. Un peu après, nous entrons dans un village d'assez pauvre apparence et dont les habitants semblent, pour la plupart, se livrer à la pêche ; au bout de ce village s'ouvre une longue rue bordée de chaque côté par de grandes et belles maisons. Nous sommes à Sinagava, faubourg de Yédo, fameux par ses *maisons de thé* et le plus mal famé des quartiers de la ville. Toute la jeunesse désœuvrée s'y donne rendez-vous et un grand nombre de crimes et de complots y prennent naissance. Notre escorte se serre plus étroitement autour de nous; l'officier nous invite à presser l'allure des chevaux; deux hommes s'élancent au galop en criant *haï! haï! abonaï!* (attention! prenez garde!), et ces cris sont répétés par nos compagnons. La rue est pleine de gens d'un aspect peu rassurant : ils sont armés de deux sabres formidables, et, suivant un usage très-répandu, ils portent autour de la tête un mouchoir qui ne laisse voir de leur visage qu'une paire d'yeux noirs qui brillent à travers une étroite fente, comme derrière un masque. Tous se hâtent pourtant de nous livrer passage, moins peut-être à nous qu'à nos chevaux dont ils ont peur, mais quelques-uns nous poursuivent d'injures et de menaces. Notre marche devient de plus en plus rapide. Les chevaux, qui tout à l'heure étaient harassés de fatigue, semblent comprendre que nous touchons au but de notre voyage; excités par les cris de nos compagnons et des passants, ils sont devenus intraitables, et c'est au galop que nous franchissons, à l'extrémité du faubourg, la porte en bois qui marque la limite entre Sinagava et Yédo. Le chef de l'escorte, le front baigné de sueur, vient à nous; il nous félicite d'être arrivés à bon port, et il est évidemment satisfait de s'être acquitté d'une mission peu dangereuse à mes yeux, mais qui laisse peser sur lui une certaine responsabilité. Nous passons devant la colline de Goten-yama, où l'on construit en ce moment les nouvelles légations anglaise[1], française, américaine et hollandaise ; nous laissons à droite le grand temple de Tóden-si, résidence du ministre britannique, puis nous tournons à gauche, et, après avoir traversé un quartier fort tranquille, presque désert, nous pénétrons dans Dsen-fou-si, le siége de la légation américaine[2].

1. La légation de la Grande-Bretagne a été incendiée et entièrement détruite au moment où elle venait d'être terminée. Goten-yama était jadis un but favori de promenade, et on dit que la concession de cette colline aux étrangers a été fort mal accueillie par la ville de Yédo et principalement par le faubourg voisin de Sinagava. Aussi ne serait-il point impossible que la jouissance en fût rendue au public afin d'enlever un motif de mécontentement, et qu'on désignât aux envoyés étrangers un autre emplacement où serait transféré le siége de leurs légations respectives. Ce qui paraît certain, c'est que tous les Européens résidant à Yédo seront à l'avenir réunis dans un quartier isolé et fortifié, sur lequel il sera facile d'exercer une rigoureuse surveillance.

2. Dsen-fou-si vient de partager le sort de la légation anglaise de Goten-yama : ce temple antique et vénéré est devenu la proie des flammes ; mais, tandis qu'il est certain que la destruction de la légation anglaise est l'œuvre de mains criminelles, on attribue à un accident le sinistre de Dsen-fou-si.

CHAPITRE XI.

YÉDO.

Description de la ville. — Hondjo. — Siro. — Soto-siro. — Midsi. — Les quartiers au nord, sud et ouest du château. — Les légations de l'Angleterre, de la France, des États-Unis et des Pays-Bas.

La ville de Yédo est située au nord du golfe qui porte son nom, entre 139° 35′ de longitude est, 35° 39′ de latitude nord ; elle a une circonférence de 38 kilomètres et couvre une surface de 85 kilomètres carrés[1]. Un fleuve large et majestueux à son

---

1. Yédo n'a point de mur d'enceinte, et il est impossible de fixer exactement ses limites; la ville se confond avec les faubourgs, et ceux-ci avec les villages qui les entourent. J'ai ex-

embouchure, mais d'ailleurs sans importance, l'O-kava (grande rivière), la traverse du nord au sud et la divise en deux parties inégales; la plus petite, à l'est du fleuve, porte le nom de Hondjo; l'autre, située à l'ouest, est Yédo proprement dit.

Hondjo est une île entourée, à l'ouest par l'O-kava, à l'est par un autre fleuve qui court parallèlement au premier, au nord par un canal, et au sud par la mer. La circonférence de cette partie de la ville est de 13 à 14 kilomètres, et sa superficie de 12 kilomètres carrés. Cinq grands canaux, dont deux vont du nord au sud, et trois de l'est à l'ouest, se coupant à angles droits, divisent Hondjo en huit quartiers, qui sont presque entièrement occupés par des temples, des palais de *daïmios* et des chantiers du gouvernement. Le temple des cinq cents images (*Goïaka-Lakan*), situé dans la partie nord-est de Hondjo, mérite une mention particulière : il est formé de deux édifices antiques qui ont eu beaucoup à souffrir d'un tremblement de terre et qui menacent ruine; les nombreuses idoles qui le décoraient, et auxquelles il doit son nom, sont placées à présent dans un vaste hangar, près de leur ancienne demeure.

---

trait les mesures que je donne ici d'une excellente carte japonaise, dont je me servais pendant mes promenades à Yédo, et que j'ai toujours reconnue parfaitement exacte.

Le sud de Hondjo, qui touche au rivage de la mer, contient quelques habitations de bourgeois, d'artisans et de pêcheurs; mais on y trouve en bien plus grand nombre des palais et des temples, dont le plus vénéré est celui d'Hadsima, dieu de la guerre. La partie orientale est peu habitée; quelques temples, des palais et des fermes s'élèvent çà et là au milieu des champs cultivés [1].

Hondjo, quartier aristocratique, a peu d'animation. Les quais larges, bien entretenus, bordés d'un grand nombre de palais, sont une des promenades les plus agréables de la capitale; ils offrent sur l'O-kava et sur Yédo des points de vue variés et pittoresques : le fleuve est garni de jonques et de petites barques, surmontées, pour la plupart, de tentes en bambou tressé, et dont un certain nombre, occupées par des jeunes filles, ont une destination semblable à celle des *bateaux de fleurs* de la rivière de Canton. Quatre ponts en bois d'une construction solide et simple réunissent Hondjo à Yédo; ils

---

1. Les chiffres suivants, auxquels je ne me suis arrêté qu'après un mûr examen, donnent une idée de la proportion où se trouvent à Hondjo les divers éléments de la population : des 12 kilomètres carrés dont se compose la surface de ce quartier, 3 sont occupés par des rizières et des jardins, 5 par les résidences des *daïmios*, 1 1/2 par les temples, et 1 1/2 par les fortifications et les chantiers du gouvernement. Il ne reste aux demeures bourgeoises qu'un seul kilomètre carré.

portent les noms de *Hadsouma-bassi*, *Liogokou-bassi*, *O-bassi* et *Yetaï-bassi;* le plus long, O-bassi (grand pont), mesure 160 *mattes*[1] japonaises, c'est-à-dire 320 mètres environ[2].

Yédo est divisé en trois parties : *Siro* (le château), *Soto-siro* (les environs du château), et *Midsi* (la ville). Une visite à ces trois parties de la seconde capitale japonaise nous fera pénétrer, sinon dans l'intérieur à peu près inaccessible des grandes familles du pays, au moins dans la ville publique de cette société pendant longtemps si peu connue, et dont le caractère original se révèle dans les monuments mêmes que nous essayerons de décrire.

Siro, la résidence du *taïkoun*, se trouve au centre de Yédo; de hautes et fortes murailles en font une espèce de citadelle ayant 8 kilomètres de circonférence. Outre le palais du *taïkoun*, on y voit celui de

---

1. Le pied japonais (*kaneschiak*), à très-peu de chose près, a la longueur du pied anglais; il mesure 303 millimètres. Pour mesurer les distances, on se sert des multiples de la *matte* (*ken*), dont la longueur est de 1^m,908. L'unité des mesures de superficie est un carré appelé le *tsbou*, dont chaque côté mesure 1 *ken* (1^m,908). L'unité des mesures de capacité est le *sio* ou *itcimas* (1/16e de pied cube japonais), qui contient 0,01738645] mètre cube. L'unité de poids est le *kin* ou *katty* de 60 centigrammes, ou, livre anglaise, 1,323. L'unité monétaire enfin est la pièce d'or, *rio* ou *kobang*, qui vaut, suivant le cours, de 10 à 11 fr.

2. Un cinquième pont a été jeté sur l'O-kava au nord de la ville; il s'appelle *Oskio-kaïdo-no-o-bassi* (le grand pont du chemin du nord).

l'héritier présomptif, ceux des trois *gosankios* ou princes du sang royal, et d'une vingtaine de *daïmios*, enfin les habitations des membres du conseil d'État et la mairie, l'hôtel du gouverneur de Yédo.

Les palais du *taïkoun* et de l'héritier présomptif sont séparés des autres par une enceinte particulière. Avant d'arriver à cette enceinte, que les hauts fonctionnaires et les domestiques attachés au service du château ont seuls le droit de franchir, il faut traverser deux larges fossés, sur lesquels sont jetés dix-huit ponts à des distances à peu près égales. La résidence du *taïkoun* a été visitée dernièrement par les ministres français, anglais, hollandais et américains, ainsi que par plusieurs membres des différentes légations; je tiens de la bouche même des visiteurs que, bien loin d'atteindre à la magnificence dont quelques voyageurs ont parlé, cette résidence est au contraire d'une simplicité qui contraste vivement avec le luxe des autres cours orientales. Les nattes qui revêtent les appartements sont, il est vrai, d'une extrême finesse; les sculptures qui décorent les piliers des portes, les colonnes qui supportent le plafond et le plafond même, sont artistement travaillées et soigneusement finies; mais rien d'ailleurs dans les salles et les chambres n'attire spécialement l'attention : une simplicité sévère règne dans tout l'édifice. C'est un trait général et l'un des plus remarquables du goût japonais que cette simplicité. Les palais des *daïmios* et des autres grands seigneurs présentent le même caractère : bâtis en pierre ou en pisé, blanchis au lait de chaux, ils ne s'élèvent que d'un étage et ressemblent à de vastes hangars ; à l'extérieur, ils n'ont d'autre ornement que des plaques de cuivre fixées sur les portes en bois massif et disposées de manière à représenter les armoiries du propriétaire ou différents dessins. On ne sait rien de précis sur l'intérieur de ces hôtels, où aucun étranger n'a encore pénétré ; mais on peut admettre presque avec certitude que là, comme chez toute la bonne société japonaise, la simplicité s'unit à un grand ordre et à une propreté parfaite.

D'agréables promenades larges et sablées entourent le château et en longent les fossés, qui sont littéralement couverts d'oiseaux aquatiques. Ces oiseaux vivent dans une complète sécurité : la troubler serait un sacrilége. Dans l'enceinte de Siro s'élèvent deux collines que tous les étrangers s'empressent de visiter : l'une est située près des palais des trois *gosankios*; on y monte à cheval; on gravit l'autre par un large escalier en pierre de plus de cent marches. Du sommet de ces hauteurs, on jouit d'une vue immense sur la ville et le golfe. Yédo est une ville de jardins ; elle figure un parc dont l'œil ne découvre pas les limites, qui est baigné par la mer, traversé par un grand fleuve, et orné de nombreuses villas. On aperçoit bien dans certains quartiers des suites non interrompues de maisons qui forment des rues régulières; mais à chaque instant des temples, des jardins et des palais viennent briser l'uniformité des lignes, et rétablissent cette physionomie particulière qui fait de Yédo une ville unique dans le monde, et dont le premier aspect produit sur les voyageurs la plus vive et la plus agréable surprise.

Le second quartier de Yédo, *Soto-siro*, entoure le château, et, comme celui-ci, est de forme presque circulaire. Il a une circonférence de 15 kilomètres 3/4, et couvre une surface de 12 kilomètres carrés. Séparé du château par un fossé, de Hondjo par l'O-kava, et du reste de la ville par un canal qui porte le nom de *Chori*, il est relié au château par douze ponts, à Hondjo par trois des grands ponts que j'ai nommés, Liogokou-bassi, O-bassi et Yetaï-bassi, et il se rattache à la ville par trente ponts, dont le plus remarquable est le fameux *Nippon-bassi* ou *Nihhon-bachi*, comme prononcent quelques personnes (le pont du Japon), qui a été choisi pour point de départ dans le calcul des distances de Yédo à toutes les parties de l'empire, et qui par là même est considéré comme le centre géographique du Japon. Les palais de *daïmios* occupent à Soto-siro 7 kilomètres carrés, les maisons bourgeoises 4, et les temples un seul. Parmi les édifices sacrés, il faut mentionner Mondseki, la plus grande *tera* de Yédo, et Sanno, une des principales *mias*[1].

La partie de Soto-siro qui renferme les habitations bourgeoises est une des plus importantes de la ville et de tout l'empire ; elle est traversée par la grande route[2], qui amène à Yédo les habitants des provinces, et tout le commerce de la capitale s'y trouve concentré : c'est la *cité* de Yédo. Cette cité forme un parallélogramme entouré de canaux ; celui de l'ouest la sépare du château, les trois autres du quartier même de Soto-siro. La *cité* comprend cinq rues longitudinales et vingt-deux rues transversales qui se coupent à angles droits, et forment soixante-dix-huit îlots réguliers, tous séparés les uns des autres par des grilles en bois. Ces grilles, ordinairement ouvertes, sont toujours gardées par des postes de police, et peuvent se fermer aussitôt que l'on veut isoler un îlot d'un autre. Dans la *cité* et dans ses environs immédiats, il n'y a ni palais ni temple. C'est la seule partie de Yédo qui ait d'ailleurs quelque ressemblance avec nos villes d'Europe. Les rues y sont larges, droites, très-animées,

---

1. On se rappelle que *tera* est le nom donné aux temples bouddhistes, et que les *mias* sont consacrés au culte primitif du Japon.

2. La grande route du Japon porte, de Nagasacki à Yédo, le nom de *To-kaïdo* (chemin de l'ouest) ; en traversant la capitale, elle prend le nom de *O-tori* (grande rue), et au nord de Nihhonbachi elle est appelée *Oskio-kaïdo* (chemin du nord).

et bordées à droite et à gauche de maisons encombrées de marchandises de toute espèce. L'absence complète de voitures rend cependant la circulation facile dans ce quartier. Tandis que la plupart des habitations japonaises sont bâties avec des matériaux aussi légers qu'inflammables, comme le bois et le papier, on trouve dans la *cité* de Yédo un grand nombre de magasins dont les solides murailles en pisé offrent au feu une excellente barrière. Si l'on n'avait usé de cette précaution, les richesses des marchands auraient été bien des fois consumées, car les incendies sont d'une fréquence exceptionnelle au Japon. Au nord et au sud de la *cité* s'étendent des quartiers qui en sont pour ainsi dire les dépendances, et qui servent aussi de demeure et de marché aux commerçants et aux artisans.

Midsi (la ville) a 38 kilomètres de tour et 69 kilomètres carrés [1] de superficie. Une partie, Hondjo, située à l'est du château, a déjà été décrite. Le quartier qui est au nord du château couvre une surface de 26 kilomètres carés, dont le tiers environ est consacré à des édifices religieux. Le mausolée du taïkoun seul, placé dans un beau parc d'une lieue de circonférence, est environné de trente-huit tem-

---

1. En ajoutant à ce chiffre 4 kilomètres carrés pour la surface du château et 12 kilomètres carrés pour la surface de Soto-siro, on retrouve l'aire totale de Yédo, qui est de 85 kilomètres carrés.

ples. On doit mentionner encore, dans le même quartier, les temples de Quannon, d'Amida, de Confucius et de Kanda, le patron de Yédo.

Le temple de Quannon — les Européens le désignent généralement sous le nom d'Akatsa — es un des plus beaux et des plus vénérés du Japon. De toutes parts on y vient en pèlerinage. Il est bâti près du fleuve O-kava, non loin du pont d'Adsouma, et au centre d'un vaste parc où l'on voit plusieurs *maisons de thé* ainsi que des boutiques remplies de rosaires, d'images et de livres de piété. Ce jardin se transforme, à certains jours, en un véritable champ de foire ; on y montre et on y vend des animaux privés et sauvages, des plantes rares, des statuettes en cire et beaucoup d'autres choses propres à attirer l'attention des nombreux pèlerins qui viennent faire leurs dévotions.

Le sanctuaire qui renferme l'idole sacrée est au bout d'une longue avenue dallée en pierres et plantée d'arbres au pied desquels on élève les baraques des marchands et des saltimbanques. Cette avenue est infestée de mendiants qui étalent là leur hideuse misère et implorent, par leurs cris pitoyables, la charité des passants. A l'entrée de l'allée, on trouve un portail en bois verni rouge au milieu duquel sont suspendues trois lanternes colossales en papier de couleur; le vernis du portail n'a rien perdu de son éclat ni de sa fraîcheur, quoique, depuis bien des années, il ait été exposé à toutes les intempéries de l'air. A l'extrémité de l'allée, près du temple, on voit, dans une écurie soigneusement entretenue, un cheval sacré dont la robe sans tache est d'une blancheur de lait. Chaque jour, à la même heure, il est magnifiquement harnaché et conduit en grande cérémonie auprès de l'idole. Un des prêtres demande à la déesse Quannon-sama si elle désire sortir de sa demeure, et ordonne, après avoir attendu une réponse qui ne vient jamais, que l'on ramène l'animal à l'écurie.

Le temple, grand édifice carré, est exhaussé de quinze à vingt pieds au-dessus du sol. Un perron donne accès à l'intérieur, qui, le soir, est fermé par des portes massives en bois couvertes de lames de cuivre. A gauche du maître-autel, dans une chapelle latérale, on y voit un tableau qui offre un curieux échantillon des mœurs du Japon : il représente des courtisanes qui se sont rendues fameuses par leurs attraits et par leur charité, et auxquelles les *djoros* et autres habitantes des *maisons de thé* décernent des hommages presque divins.

L'intérieur du sanctuaire n'a pas ce caractère de propreté scrupuleuse que j'ai observé dans plusieurs édifices de ce genre ; en revanche, il ne cesse de se remplir de dévots qui y accourent de tous les points de l'empire, et dont la curiosité indiscrète rend, pour les étrangers, l'examen attentif du temple, chose fort difficile. On voit, à la droite du bâtiment principal, une pagode semblable aux pagodes chinoises, mais d'une construction plus lourde, et deux statues colossales en pierre représentant l'image d'un Bouddha.

Le temple de Confucius n'est pas ouvert aux étrangers. Dans l'enceinte du parc qui l'environne est établie l'université de Yédo, où les fils des grandes familles japonaises terminent leurs études : ils y apprennent les éléments de géographie, de l'histoire générale et des sciences physiques, les langues étrangères, et avec un soin plus particulier l'histoire naturelle, et surtout l'histoire nationale ; mais les objets essentiels de l'enseignement sont les écritures japonaise et chinoise, et la haute littérature japonaise, qui emprunte ses œuvres à la littérature classique de la Chine. Les difficultés de ces dernières études sont presque insurmontables et exigent un temps si long que les jeunes gens peuvent à peine effleurer les autres parties de l'enseignement[1]. Aussi les meilleurs élèves, en sortant des écoles, ne savent-ils que lire et écrire le chinois et le japonais, et demeurent-ils, à peu d'exceptions

---

1. Il y a cinq manières d'écrire le japonais : en *kaï-cho*, en *gio-cho*, en *sosho*, en *hiragana* et en *katagana*. Les deux dernières écritures s'apprennent sans trop de difficulté ; mais l'étude approfondie des trois autres suffit à remplir la vie entière d'un homme.

près, dans une complète ignorance sur tout le reste.

On a exagéré, en général, l'intelligence des Japonais. Bien élevés, patients, sachant tout écouter avec une bonne grâce qui ne les compromet guère, ils ont l'esprit fin, subtil, rusé; mais ils ne possèdent certainement pas cette pénétration, cette largeur de vues, cette puissance créatrice qui font la force des races de l'Occident. Il semble décidément qu'il faille attribuer leur état intellectuel à une infériorité de race plutôt qu'à une infériorité de civilisation. Sans doute un *daïmio* est plus instruit, plus éclairé que ne l'étaient nos châtelains du moyen âge; mais il serait absurde de prétendre que le Japon peut produire des esprits philosophiques et spéculatifs comme en a produit chez nous cette époque. Les sources inépuisables de philosophie, de poésie et d'art, qui, descendant des hauteurs de notre antiquité classique, ont régénéré et fertilisé le monde occidental, n'ont jamais vivifié les champs arides de la philosophie et de la littérature japonaises.

De nombreux palais de *daïmios* occupent, dans le quartier où s'élèvent les temples de Quannon et de Confucius, des terrains considérables (5 kilomètres carrés). On y remarque ceux des princes de Mito et d'Owari, proches parents du *taïkoun*, et celui du prince de Kanga, le plus riche des dix-huit *gokchis* ou pairs du Japon[1]. Le même quartier contient aussi le grand théâtre, *Oki-chibaya; Yosivara*, la ville des *djoro-jas* ou maisons de tolérance, en dépend également.

Le grand théâtre, vaste édifice construit en bois léger, peut recevoir de six à huit mille spectateurs. Yosivara forme une sorte de ville à part, isolée du reste de Yédo par des murailles et des fossés ; on y pénètre par une seule porte, qui est gardée nuit et jour par un poste de police. C'est un parallélogramme régulier, mesurant 1 kilomètre 1/4 en circonférence. Quatre rues longitudinales et trois rues transversales, coupées à angles droits, le divisent en neuf quartiers séparés par des grilles en bois, que l'on ferme à volonté et qui permettent d'exercer une surveillance sévère, dont les mauvaises mœurs des habitants expliquent la nécessité. Ce rendez-vous de la débauche n'est fréquenté que par le bas peuple. Les officiers ne s'y aventurent qu'en cachette ; ils préfèrent le faubourg de Sinagava.

Le nord de la capitale touche à des jardins de plaisance comme Aska-yama, et à de petits villages qui rappellent les promenades des environs de Paris. Tous les Européens résidant à Yédo ont visité Od-si, le plus remarquable de ces villages par

---

[1]. Les revenus du prince de Kanga sont évalués à 1 200 000 *kokf* de riz, ce qui équivaut à 30 millions de francs environ.

la beauté du site. Il est adossé à une riante colline, près d'une petite rivière aux eaux limpides. Pendant la belle saison, des familles bourgeoises viennent fréquemment s'y reposer à l'ombre des vieux arbres ou dans les maisons de thé, qui y sont en grand nombre; elles prennent un repas simple, entendent de la mauvaise musique, et paraissent heureuses de ces plaisirs innocents. Bien rarement des discussions ou des querelles troublent le calme de leurs réunions, et un étranger ne peut s'empêcher de se plaire à ces mœurs aimables.

Un temple érigé près de Od-si par Hiéas, le fondateur de la dynastie des *taïkouns* actuels, a été consacré plus tard à ce prince avec la dénomination de *Gongen-sama-notera*. On se rappelle que Gongen-sama est le nom sous lequel on rend à Hiéas des honneurs presque divins. L'édifice est de peu d'importance, mais il se trouve dans un beau parc et est entretenu avec le plus grand soin. Les successeurs de Hiéas s'y rendent annuellement pour y adresser des prières aux mânes de leur illustre aïeul.

Le *Midsi* comprend encore un quartier beaucoup plus petit que celui dont nous venons de parler; situé à l'ouest du château, il ne couvre qu'une surface de 12 kilomètres carrés; les temples et les résidences des grands en occupent les trois quarts. Parmi ces derniers, il faut citer le palais du prince de Ki-siou, père du *taïkoun* actuel, et celui de la famille du régent Ikammono-kami, qui a succombé à une mort si tragique. Le temple le plus intéressant de ce quartier porte le nom de Mio-hoodchi : il est situé au milieu d'une véritable ville de couvents, à laquelle on arrive par un sentier de 2 kilomètres environ, bordé de maisons qu'habitent des prêtres ou des moines, et dans lesquelles on vend des objets sacrés semblables à ceux que l'on trouve au temple de Quannon.

Le temple de Mio-hoodchi, vaste, beau, bien tenu, se compose de plusieurs corps de logis, dont le plus remarquable, une vaste salle ouverte, à gauche du sanctuaire principal, renferme des milliers d'*ex-voto* suspendus le long des murs. Ce sont en général des tableaux peu différents de ceux qui décorent certaines chapelles catholiques, comme Notre-Dame de la Garde à Marseille : ils représentent des navires faisant naufrage, des enfants devant un lit de mort, et d'autres scènes de détresse ou de deuil. Souvent, dans un coin du tableau, apparaît le dieu auquel le croyant adressait sa prière. Un *ex-voto*, le plus curieux de tous, se trouve dans un coin de la salle : c'est une énorme tresse de cheveux, un câble plutôt, qui a neuf pouces de tour et près de cent pieds de long. Quand on réfléchit que les Japonais considèrent la chevelure comme un des plus précieux ornements de l'homme, et qu'ils ne consentent que pour d'impérieux motifs à en faire le sacrifice, on a le droit de s'émerveiller à la vue de cet *ex-voto*, preuve colossale de la superstition humaine, et à la formation duquel des millions d'hommes doivent avoir contribué.

La troisième et dernière partie du *Midsi* s'étend, au sud du château, sur une superficie de 19 kilomètres carrés, dont un seul à peine est couvert d'habitations bourgeoises; le reste est consacré aux palais, aux jardins et aux édifices religieux. Ce quartier de Yédo est celui que les étrangers connaissent le mieux à cause des quatre légations européennes qui y sont établies.

La légation britannique est à Todensi. Placée au bord de la mer, dans le voisinage de Sinagava et sur le *to-kaïdo*, la grande route de l'empire, elle a des abords faciles. Le ministre et sa suite occupent un corps de logis affecté auparavant à la demeure des prêtres qui desservaient le temple de Todensi, situé au bout d'une avenue ombragée et dallée de pierres. La légation anglaise de Yédo a été le théâtre de plusieurs événements qui marquent des phases douloureuses dans l'histoire des relations de l'Occident avec le Japon : là fut poignardé l'interprète de sir Rutherford Alcock; là ce ministre lui-même fut assailli la nuit par une bande de *lonines*[1], qui laissè-

---

1. Les *lonines* se recrutent parmi les gens déclassés, tels que fils de famille sans emploi, soldats débandés, fonctionnaires

rent cinq des leurs sur le champ de bataille, après avoir tué ou blessé plusieurs personnes, telles que M. Oliphant, attaché de la légation et écrivain distingué, et M. Morrison, consul à Nagasacki; là enfin périrent deux matelots anglais en défendant la vie du colonel Neal, le successeur par intérim de sir Rutherford Alcock.

Saï-kaï-dsi, la légation française, se trouve dans une rue parallèle au *to-kaïdo*, et sur une éminence d'où l'on jouit d'une vue admirable sur le golfe. Le consul général hollandais occupe, lorsqu'il est à Yédo, un petit temple appelé Chio-dsi, qui est situé dans un quartier assez misérable, entre la légation d'Angleterre et celle de France. Il y vit comme un prisonnier d'État, car toute sa maison est envahie par des soldats japonais qui ne le perdent pas de vue pendant la journée, et qui pendant la nuit veillent jusqu'à la porte de sa chambre à coucher. Aussi s'expose-t-il le moins possible aux inconvénients de la position qui lui est faite à Yédo, et passe la plus grande partie de l'année soit à Decima, colonie hollandaise de Nagasacki, soit à Yokohama, dans le voisinage de ses compatriotes.

---

destitués, etc. Les étrangers désignent sous le même nom des bandits et autres malfaiteurs dangereux qui se sont montrés hostiles aux rapports entre Japonais et Occidentaux. Chez les Japonais, le terme de *lonins* n'a rien de méprisable et signifie « homme sans emploi. »

Pendant longtemps, le ministre des États-Unis seul a continué de résider d'une manière permanente à Yédo; mais depuis l'incendie de Dsen-fou-si, siége de la légation américaine, le général Pryne, successeur de M. Towsend Harris, a été obligé de suivre l'exemple de ses collègues et de s'établir aussi à Yokohama.

Dsen-fou-si était un temple situé dans l'intérieur de Yédo, à 3 kilomètres de Toden-si et à 2 kilomètres de Saï-kaï-dsi. Il avait été autrefois l'habitation des bonzes attachés au service d'une grande *tera;* le parc qui l'entourait était mal entretenu, mais vaste et rempli de beaux arbres; on y admirait surtout un figuier des pagodes (*ficus religiosa*), aux dimensions colossales. Les Japonais l'avaient en vénération, y suspendaient des *ex-voto*, et s'y réunissaient en foule tous les soirs pour faire leurs prières.

C'est dans l'enceinte du temple de Dsen-fou-si que logeait Henry Heusken, le secrétaire de M. Harris; c'est de là que pendant trois années il partit presque tous les jours pour faire des promenades à cheval dans Yédo ou dans les environs de la ville, qu'il avait étudiée avec le goût d'un antiquaire; on le connaissait jusque dans les ruelles et les quartiers les plus reculés. Durant les trois mois que je passai à Dsen-fou-si, il fut mon compagnon et mon guide en toute occasion : je lui dois la plupart des renseignements précis que j'ai pu recueillir sur Yédo. Heusken périt assassiné un soir qu'il sortait d'Akabané, résidence du comte d'Eulembourg, ministre de Prusse ; il a été inhumé auprès de l'interprète de sir Rutherford Alcock, l'infortuné Denkouchki, dans un parc qui dépend d'un temple et qui servait de cimetière. Aujourd'hui ce cimetière est abandonné : on dirait que les Japonais poursuivent de leur haine jusqu'après la mort les innocentes victimes de leurs préjugés nationaux. Le monument que M. Alcock a élevé à la mémoire de son fidèle serviteur porte une inscription rappelant que Denkouchki a été massacré par des assassins japonais. Quant à M. Harris, il n'a pas voulu perpétuer le souvenir d'un crime qui fit naître une si grande et si juste indignation ; la pierre qui couvre les restes de Henry Heusken ne présente que les dates de sa naissance et de sa mort.

Outre les légations étrangères, le quartier qui s'étend au sud du château renferme le temple de Megouro, une des plus grandes *teras* de Yédo, le cimetière des grands prêtres, le palais du puissant prince de Satzouma, qui passe pour le plus vaste et le plus riche de la capitale, enfin l'ancien palais et l'ancien mausolée des taïkouns. Ce magnifique tombeau se reconnaît de loin à une haute pagode qui s'élève au milieu d'un parc : il est composé de plusieurs temples et entouré d'arbres centenaires qui répandent l'ombre et la fraîcheur, et qui protégent d'un silence imposant la dernière demeure des anciens chefs militaires du Japon.

Au terme de cette course à travers la capitale japonaise, qui nous en a montré surtout les aspects extérieurs, on voudrait se recueillir et observer la vie morale des habitants, rapprocher aussi quelques données sur le chiffre de la population et les divers groupes qui la forment. C'est un dernier côté de notre sujet, sur lequel il nous reste à interroger nos souvenirs et à résumer nos recherches.

CHAPITRE XII.

YÉDO.

Population. — Aspect des rues. — Incendies. — Retraite des étrangers de Yédo.

Il est impossible de fixer d'une manière précise le chiffre de la population de Yédo, le gouvernement japonais n'ayant pu y établir aucun cens régulier. On connaît exactement le nombre des bourgeois, des marchands et des artisans, lequel montait en 1858 à 572848; mais la bourgeoisie, comparée à la noblesse et au clergé, n'a même au point de vue numérique qu'une importance secondaire. Yédo est avant tout une ville de fonctionnaires, d'officiers et de prêtres : l'étendue des terrains occupés par les habitations des princes et par les temples le démontre suffisamment[1]. On sait d'ailleurs que, d'après les lois qui régissent le Japon, une moitié des seigneurs féodaux entre lesquels est partagé l'empire doit habiter Yédo, et que l'autre moitié doit y être représentée par les plus proches parents des chefs de familles[2]. Les daïmios, en quittant la capitale, emmènent avec eux toute leur cour, et cette cour est quelquefois nombreuse, puisqu'elle ne se compose pas seulement de fonctionnaires et de domestiques, mais aussi d'un corps d'armée dont le chiffre varie

---

[1]. L'étude du plan japonais dont j'ai parlé, et dont l'exactitude m'a été démontrée par l'expérience, m'a conduit à des résultats fort curieux sur la proportion des terrains occupés par les divers éléments de la population. La superficie totale de Yédo, qui est de 85 kilomètres carrés, se distribue de la manière suivante :

	Palais des daïmios et du taïkoun.	Parcs, jardins, terres cultivées et fortifications	Temples et dépendances.	Habitations bourgeoises.	TOTAL.
Ile de Hondjo..........	5	4 1/2	1 1/2	1	12
Quartier du château......	4	»	»	»	4
— en dehors du château	7	»	1	4	12
— au nord du château..	5	11	8	2	26
— à l'ouest du château.	5	2 1/2	4	» 1/2	12
— au sud du château...	3	10	5	1	19
	29	28	19 1/2	8 1/2	85

[2]. La constitution japonaise vient de subir des réformes radicales, dont on ne peut encore apprécier la portée, et qui ont trait surtout aux obligations du taïkoun envers le mikado et des daïmios envers le taïkoun.

de quelques centaines à plusieurs milliers de soldats[1]. Le prince qui part est à la vérité remplacé par un autre, mais l'armée du nouveau venu peut être inférieure ou supérieure en nombre à celle de son devancier ; il en résulte dans la population de Yédo des fluctuations continuelles et considérables, dont on ne peut se rendre compte, puisque les grands daïmios ne permettent au taïkoun aucun contrôle sur le nombre ou la qualité des personnes qui les suivent.

On estime que les grands et petits daïmios sont représentés dans la capitale par un demi-million de personnes environ, hommes, femmes et enfants. La maison du taïkoun, en y comprenant les fonctionnaires, soldats et domestiques, compte, à ce que l'on dit, 180 000 personnes. En ajoutant à ces chiffres, ainsi qu'à celui que j'ai donné pour les bourgeois et artisans, 200 000 prêtres, moines et nonnes qui habitent les couvents et les temples, 200 000 voyageurs et pèlerins, 50 000 parias, c'est-à-dire *hettas*[2], christans[3] et mendiants, on trouve que

---

1. L'armée du daïmio de Satzouma s'élève, assure-t-on, à 25 000 hommes, et 8 ou 10 000 hommes l'accompagnent ordinairement lorsqu'il se rend à Yédo.

2. Ce sont des artisans qui travaillent le cuir et touchent le sang des animaux ; on les regarde comme impurs, et ils sont parqués dans des quartiers particuliers.

3. Les descendants des anciens chrétiens japonais. Ils vivent à Yédo dans un quartier particulier, se marient entre eux et

la population entière de Yédo ne monte pas à moins de 1 700 000 individus[1]. Ce chiffre est encore inférieur à celui que certains voyageurs, M. de Siebold entre autres, ont indiqué ; mais je pense qu'on peut s'y arrêter, comme n'étant pas trop faible. Il correspond d'ailleurs à l'étendue de Yédo, à l'animation de ses rues, comparée à celle des villes dont on connaît le nombre d'habitants, enfin à la distribution particulière de la superficie de Yédo. Il est probable cependant qu'il cessera bientôt de donner une idée exacte de la vérité.

La révolution radicale qui se prépare au Japon, et dont les origines nous ont paru mériter une étude spéciale, s'est déjà manifestée par quelques signes éclatants. Le chef du pouvoir exécutif, le taïkoun, que l'on regarde comme le représentant du libéralisme, a été appelé à comparaître devant le mikado, l'empereur légitime, afin de se justifier de l'accusa-

---

sont profondément méprisés. L'exercice de la religion chrétienne leur est sévèrement interdit, et ils en ont perdu tout souvenir.

1. En récapitulant, on voit que les éléments de la population de Yédo se divisent ainsi :

Bourgeois, marchands, artisans......	572 848 habitants.
Les *daïmios* et leurs maisons........	500 000
Maison du taïkoun.................	180 000
Clergé...........................	200 000
Voyageurs et pèlerins..............	200 000
Mendiants *hettas* et *christans*........	50 000
Total............	1 702 848 habitants.

tion d'avoir violé la constitution en concluant des traités avec les étrangers. Après avoir résisté pendant quelque temps, il a été forcé de se rendre aux ordres de son souverain. Rien n'a été divulgué de ce qui s'est passé entre les deux princes; mais les étrangers résidant à Yokohama et à Nagasacki ont noté avec surprise, les uns l'émigration des familles princières de Yédo, les autres le départ de Nagasacki de presque tous les ouvriers employés dans la construction des maisons. On a bientôt compris, et des renseignements puisés aux sources japonaises ont confirmé cette supposition, que le siége du gouvernement allait être transféré de Yédo à Kioto, que les daïmios seraient à l'avenir dispensés de l'obligation de passer la moitié de leur vie dans le voisinage et sous la surveillance du taïkoun, et que ce dernier, dépouillé du prestige de la souveraineté, allait rentrer dans son véritable rôle, qui est celui de lieutenant du mikado. Quant à la ville de Yédo, l'on peut prévoir le moment où elle ne sera plus qu'une ville marchande. Sans doute, avec les 500 000 commerçants et artisans qui l'habitent, elle comptera encore parmi les premières de l'empire; mais en perdant plusieurs centaines de familles princières et les armées de fonctionnaires, de soldats, de domestiques, qui entourent les daïmios, elle perdra la plus brillante partie de sa population, le principal élément de son opulence et de son importance politique ; elle ne sera plus que l'ombre de la brillante capitale que les traités devaient ouvrir au commerce des nations occidentales. Voilà le prix dont le taïkoun aura payé son alliance avec les étrangers : ses nouveaux amis auront amené sa ruine, à moins qu'ils ne s'unissent un jour à lui pour restaurer sa puissance et faire valoir les droits et les prérogatives qu'il tient des lois sacrées de Gongen-sama.

Lors de mon premier séjour à Yédo, cette ville n'avait encore rien perdu de son éclat et de sa vie. Dans les longues rues de la *cité* se pressait une multitude affairée. Des hommes de peine, aux membres robustes, brûlés par le soleil et bizarrement tatoués, traînaient de lourds chariots sur lesquels étaient entassées des marchandises de toute espèce ; ils avançaient d'un pas lent et cadencé, poussant à intervalles réguliers des cris perçants pour chasser l'air engagé dans leurs poumons [1]. Des marchands ambulants, des charlatans tenaient boutique en plein air et vantaient avec volubilité la qualité de leurs marchandises ou l'efficacité de leurs drogues. Dans les carrefours étaient réunis des prestidigita-

---

1. L'habitude de crier pendant le travail est très-répandue dans l'extrême Orient : à Shang-haï surtout, les cris aigus des portefaix chinois remplissent les quais et les carrefours d'un bruit assourdissant.

teurs, des jongleurs, des lutteurs, des diseurs de bonne aventure et des chanteurs de complaintes qui expliquaient des tableaux grotesques représentant des assassinats, des incendies, des batailles. Un public nombreux entourait ces spectacles. Dans les rues plus retirées, une foule d'enfants, qui n'étaient surveillés par personne, dormaient, mangeaient, jouaient ou travaillaient, et passaient ainsi hors de la maison paternelle presque toute la journée. Leur récréation principale était le cerf-volant : des milliers d'entre eux se livraient à cet amusement, et des personnes plus âgées ne dédaignaient pas de le partager lorsque la brise devenait favorable.

Les quartiers aristocratiques semblaient déserts, comparés aux rues bruyantes de la *cité*. Les palais, qui, avec leurs jardins et leurs vastes parcs, occupent des rues entières, demeuraient fermés; on ne rencontrait guère que des fonctionnaires et des soldats, ou le *norimon* de quelque grand personnage, dont le cortége défilait en silence, tandis que le peuple s'écartait respectueusement. Autour des temples, ce n'étaient que prêtres, moines, mendiants [1], en un mot toute la gent fainéante qu'abri-

---

1. Parmi les mendiants, qui forment une caste particulière, on remarque surtout les mendiants dits *à la corbeille*. Ce sont d'anciens nobles dégradés qui, honteux de l'état auquel ils sont réduits, portent sur la tête un tube en bambou tressé qui repose,

tent les églises bouddhiste et sintiste. Pour retrouver l'animation et le bruit, il fallait aller jusqu'aux extrémités de Yédo, à Sinagava ou aux faubourgs du nord et de l'ouest. Là, les *maisons de thé* et autres lieux de débauche attiraient la foule avide de plaisir. On y menait grand tapage, on s'échauffait la tête par de fréquentes rasades de *sakki*, on se querellait. Les étrangers ne s'y hasardaient pas volontiers et n'y allaient que bien armés, en société de quelques compatriotes et avec l'escorte d'officiers japonais. On leur livrait passage de mauvaise grâce, il ne fallait pas s'arrêter, et il était expressément interdit d'entrer dans une *maison de thé*.

Au coucher du soleil, ces rues s'animaient d'une façon particulière et prenaient un aspect vraiment sinistre. Partout on rencontrait des individus qui, la figure masquée d'un mouchoir et la main sur la poignée d'un de leurs sabres, ressemblaient beaucoup plus à des brigands qu'à d'honnêtes citoyens. Un étranger n'aimait pas à voir ces vilaines figures à ses côtés ou sur ses talons ; il se dérobait vite à leurs regards, et apprenait aux nouveaux débarqués que c'était parmi ces hommes masqués qu'il fallait chercher les assassins de Heusken, de Vos,

---

comme le ferait un chapeau trop large et trop long, sur leurs épaules, et qui cache leurs traits complétement.—Il est défendu, sous des peines sévères, de vouloir pénétrer l'incognito de ces *lonines*.

de Decker, et des autres victimes du fanatisme japonais.

Lorsque la lumière du jour avait complétement disparu, ces quartiers s'éclairaient d'illuminations fantastiques. Chaque passant était muni d'une lanterne en papier qui portait écrit en gros caractères le nom du propriétaire ou, peintes à l'encre de Chine, les armoiries du maître. Dès l'entrée de la nuit, les *maisons de thé* étaient fermées, mais à travers les barreaux d'une épaisse grille on pouvait jeter un coup d'œil dans les salles du rez-de-chaussée, où se tenaient les *djoros*, parées de leurs plus beaux atours, et les *ghékos*, qui jouaient et chantaient pour attirer sur leurs compagnes l'attention des curieux. Peu à peu les bruits cessaient, le nombre des lanternes diminuait, on masquait les grilles des *maisons de thé* derrière un rideau de planches.

A dix heures, les rues étaient presque désertes; à onze, il y régnait un profond silence. Tout Yédo dormait alors, mais bien souvent ses habitants s'éveillaient au glas sinistre du tocsin. On frappait sur une petite cloche à coups pressés et retentissants. Un gardien de nuit placé sur un belvéder, comme on en voit par milliers à Yédo au-dessus des temples et des plus hautes habitations, avait aperçu un incendie et appelait du secours. Le signal d'alarme se répétait de toutes parts. On imagine quelles scènes de désordre accompagnent un de ces incendies.

Les maisons s'ouvrent. Les habitants s'élancent au dehors : ils questionnent, ils interpellent les passants, ils courent vers l'endroit menacé, beaucoup ont grimpé sur les toits pour apprécier le danger en ce qui les regarde. Le feu est loin encore ; mais, alimenté par tant de matériaux combustibles, il s'avance, il dévore l'espace. Ce n'est plus une maison qui brûle, c'est une rue, un quartier entier qui est envahi par les flammes. Les travaux de sauvetage sont conduits avec activité et intelligence, mais ils sont impuissants en présence de l'élément qu'ils doivent combattre. Il faut se résigner à faire au feu une part très-large, car, le plus souvent, rien n'est capable d'en arrêter le progrès, si ce n'est l'espace vide.

Grâce à l'active surveillance des gardiens de nuit et à l'institution bien organisée des sapeurs-pompiers ; grâce à la fréquence extraordinaire des incendies, qui fait que tout le monde y est habitué et connaît la manière de les combattre [1], beaucoup de sinistres sont étouffés dès leur origine. Dans le cas

---

1. Les maçons, charpentiers et beaucoup d'autres ouvriers sont, au nom de la loi, embrigadés dans le corps des pompiers : ils ont une grande habitude des travaux de sauvetage, et s'en acquittent avec autant de zèle que de courage. Dans chaque maison de Yédo, l'on trouve des pompes à incendie, et devant presque toutes les portes on remarque de grands cuviers remplis d'eau, et qui ne sont là que pour servir en cas de sinistre.

contraire, il y a presque toujours des catastrophes à déplorer, à moins qu'un calme complet ne favorise les travaux de sauvetage, ou qu'une pluie un peu forte n'éteigne le feu. La principale cause des incendies doit être attribuée à l'usage du *brasero*, que l'on tient allumé jour et nuit dans la maison. La nature très-inflammable des matériaux qui servent à la construction des maisons japonaises explique les proportions des sinistres.

On bâtit en pierre et pisé les magasins destinés aux marchandises précieuses, ainsi que les palais des daïmios et d'autres grands personnages ; mais les matériaux légers sont entassés en si grande quantité dans toutes les habitations, que ces édifices mêmes ne sont plus à l'abri du feu, qui y cause de fréquents ravages. En 1859, l'ancien palais du taïkoun et celui de l'héritier présomptif furent entièrement détruits par les flammes ; l'année suivante, un semblable sinistre couvrit de ruines les vastes terrains occupés à Yédo par les nombreux corps de logis dont l'ensemble constitue le palais du puissant prince de Satzouma.

Pendant mon premier séjour à Yédo, en 1859 et 1860, Saï-kaï-dsi, siége de la légation française, n'échappa à une destruction complète que grâce aux courageux efforts des pompiers pour préserver ce temple, construit, du reste, de matériaux fort solides. M. du Chesne de Bellecourt fut obligé de chercher refuge auprès de son collègue, sir Rutherford Alcock. La malveillance des *lonines* pouvait n'être pas étrangère à cet accident, et on appréhendait une attaque à main armée sur la personne du représentant de la France ; aussi fut-il conduit à la légation britannique sous bonne escorte. M. du Chesne de Bellecourt, en racontant plus tard les événements de cette nuit, se plaisait à rendre justice à l'adresse et à l'activité des pompiers japonais : son déménagement avait été opéré en un clin d'œil ; aucun des meubles ou des objets de son appartement n'avait été cassé ou égaré, et lui-même avait été traité avec les plus grands égards.

Le gouvernement du taïkoun a ainsi, dans mainte occasion, fait preuve de bonnes intentions envers ses nouveaux alliés ; mais il n'est point parvenu à établir avec eux des relations amicales. La crainte d'effaroucher les susceptibilités du parti patriotique, qui a vu avec regret l'intrusion des étrangers dans les affaires intérieures, a imposé à la cour de Yédo une réserve qui s'est manifestée chez tous les fonctionnaires qu'elle a désignés pour traiter avec les représentants de l'Occident. Ceux-ci, en vertu du caractère officiel dont ils étaient revêtus, n'ont pu faire des avances trop directes, et, après avoir acquis la certitude que la froideur avec laquelle on les recevait était le résultat d'un parti pris, ils ont, à leur tour, gardé les mêmes apparences, corroborant ainsi, malgré eux, un état de choses qui rend leur séjour à Yédo et leurs rapports avec le gouvernement de plus en plus difficiles.

Aucun lien d'amitié n'existe entre les fonctionnaires japonais et les membres des diverses légations occidentales, et la vie que ces derniers mènent à Yédo est fort monotone et triste. Jusqu'au moment où M. Heusken fut assassiné, cette existence n'était cependant pas dépourvue de distractions. Les attachés formaient une société de jeunes gens assez nombreuse : les chefs de la légation exerçaient à l'envi la plus large hospitalité. Il y avait toujours des invités d'Europe ou d'Amérique à Saï-kaï-dsi, à Toden-si et à Dscn-fou-dsi, et l'on se faisait un plaisir de leur montrer la ville et les environs qui sont si charmants. C'étaient chaque jour de longues promenades à cheval ; on allait au château, on traversait la *cité*, on visitait le temple de Quannon, on faisait des parties de plaisir à Odsi. Sans doute il fallait être armé et se tenir sur ses gardes, mais sans appréhensions sérieuses, et il n'y avait point d'imprudence à s'aventurer, quelle que fût l'heure de la journée, dans les parties les plus reculées de la ville.

Je me souviens d'une promenade faite en compagnie des attachés de la légation anglaise et de M. Heusken. Nous partîmes de bonne heure de Toden-si, sans autre escorte que celle de nos *bettos* (on était alors en 1860). Nous traversâmes le quartier du château, Soto-siro et toute la *cité;* nous nous arrêtâmes longtemps dans les temples du dieu de la guerre, des cinq cents images et de Quannon-sama; puis nous arrivâmes, après avoir visité les quartiers aristocratiques aussi bien que les rues habitées par la lie de la population, jusqu'au village d'Odsi, à une distance de 15 à 18 kilomètres du siége de la légation anglaise. Là, nous fîmes une halte qui dura plusieurs heures, et la nuit nous surprit lorsque nous étions encore loin de Toden-si; nos chevaux étaient harassés de fatigue, et nous n'avancions plus qu'au pas. Nous ne rentrâmes chez nous que vers minuit, ayant passé quinze heures dans les rues de Yédo sans que rien de fâcheux nous fût arrivé.

Nos excursions n'étaient pas toujours aussi prolongées; elles duraient d'ordinaire trois ou quatre heures. On se réunissait ensuite, soit à Toden-si, soit chez le ministre français ou américain [1]. On se communiquait les observations faites dans l'excursion du jour, on discutait des projets de promenade

---

1. Alors comme aujourd'hui, le représentant des Pays-Bas résidait ordinairement à Decima, celui de la Russie à Hokodadé, et le Portugal n'avait qu'un consul, habitant Yokohama. La Prusse, qui venait de conclure un traité avec le Japon, ne l'avait pas encore fait ratifier lorsque je quittai Yédo pour la dernière fois.

pour le lendemain, on préparait son courrier pour l'Europe, ou bien on lisait les lettres et journaux qu'avait apportés le bateau de Shang-haï. Souvent il fallait se rendre en audience auprès d'un des membres du *gorodjo* (conseil des cinq), ou recevoir la visite officielle d'un gouverneur des affaires étrangères. Le temps était donc assez bien rempli, et les membres des diverses légations échappaient ainsi aux ennuis de l'isolement. L'assassinat de M. Heusken vint changer sa situation. Après cet événement, le ministre des États-Unis resta seul à Yédo; les ministres français et anglais partirent pour Yokohama. Ils revinrent, il est vrai, plus tard dans la capitale du taïkoun; mais la surveillance sévère qui s'exerçait autour d'eux leur fut insupportable, et, deux tentatives d'assassinat sur le représentant de la Grande-Bretagne ayant causé la mort de deux sujets anglais et prouvé trop évidemment l'existence de dangers sérieux, MM. Alcock et du Chesne de Bellecourt décidèrent qu'ils retourneraient temporairement à Yokohama. Le ministre des États-Unis lui-même, M. Pryne, malgré le dessein bien arrêté de maintenir son droit de résidence à Yédo, se vit enfin obligé de quitter cette ville, sa demeure étant devenue la proie des flammes, et les gouverneurs de Yédo l'ayant supplié de partir, parce qu'ils craignaient de ne pouvoir le protéger à l'avenir contre la haine de ses ennemis. .

La ruse, le crime, les complications politiques amenées au Japon par l'arrivée des Européens, ont ainsi chassé les hôtes étrangers de la capitale du taïkoun, qui, après une lutte de plus de trois années, se trouve rendue tout entière à ses anciens possesseurs; mais, on ne peut en douter, nos représentants retourneront tôt ou tard à Yédo. L'Occident est trop puissant, trop supérieur à l'Orient, pour qu'il ne lui soit pas facile de donner à sa volonté la force d'une loi; il a décidé, en imposant son amitié au Japon, que cet empire sortira de l'état d'isolement où il a vécu pendant des siècles, qu'il s'unira aux autres nations civilisées du globe, et qu'à cet effet il souffrira dans sa capitale la présence des représentants des puissances occidentales.

CHAPITRE XII.

LES ENVIRONS DE YOKOHAMA.

Une promenade à Kanasava. — Une soirée de famille japonaise.

Avant de quitter Yokohama, dernière station de mon voyage autour du Japon, il me restait à visiter Kanasava, bourgade de pêcheurs renommée par sa situation pittoresque, Kamakoura, la ville des temples, le *Daï-bouts*, colossale statue en bronze d'un bouddha, et Inosima, l'île sainte que la légende japonaise a peuplée de génies bienfaisants.

Kanasava, à 15 kilomètres de Yokohama, se trouve au sud de cette ville, sur les bords d'un petit havre, dont les eaux basses ne permettent pas l'approche des navires européens, mais qui abrite des centaines de bateaux de pêche ; sur les cartes marines anglaises, ce havre a été désigné sous le nom de *Goldsborough inlet*.

Inosima est située à 15 kilomètres par le sud-ouest de Kanasava, dans la partie orientale de la grande baie formée par les presqu'îles d'Idsou et de Sagami. C'est une île de formation volcanique, que les marées, en la rattachant à la grande île de Nippon au moyen d'une étroite langue de terres basses et sablonneuses, ont, dans le cours des siècles, transformée en presqu'île. Vue à une faible distance du rivage, elle conserve cependant encore toutes les apparences d'une île.

La ville de Kamakoura, sur la presqu'île de Sagami, est entre Kanasava et Inosima, à 22 kilomètres de Yokohama et à 7 d'Inosima. Quant au *Daïbouts*, ce monument se rencontre dans le proche voisinage de Kamakoura, sur la route qui de cette ville conduit à Inosima.

La plupart des résidents de Yokohama avaient visité les différents endroits que je viens de nommer, et tous m'avaient parlé de cette excursion comme de la plus agréable et de la plus intéressante qui puisse être entreprise dans les environs de Yokohama. L'itinéraire en était en quelque sorte tracé d'avance : on m'avait conseillé de me rendre par mer à Kanasava, d'y passer la nuit, et le lendemain de monter de bonne heure à cheval pour visiter, dans le courant de la journée, Kamakoura, le *Daïbouts* et Inosima. En me conformant à ces instructions, je devais avant la nuit être de retour à Kanasava, et pouvais, si le temps était favorable, revenir le même soir à Yokohama ; en cas de vents contraires, il ne me resterait qu'à passer une seconde nuit dans l'auberge de Kanasava, et j'aurais alors, après avoir donné à ma monture un repos suffisant, la journée entière pour me rendre par voie de terre de Kanasava à Yokohama.

Cette manière de faire la promenade d'Inosima est celle qu'adoptent la plupart des étrangers. Ils partent d'ordinaire quatre ou cinq ensemble, emportent des provisions de bouche, et forment avec leur suite, palefreniers, domestiques, bateliers et cuisiniers, une caravane assez nombreuse dont le passage cause toujours une certaine émotion parmi la population indigène. J'avais l'intention de suivre leur exemple, et je m'étais entendu avec plusieurs de mes amis pour voyager de compagnie ; mais le temps ne nous avait point été propice : une première fois un coup de vent nous avait surpris dans la baie de Mississipi, qu'il faut traverser pour aborder à Kanasava, et nous avait forcés de rebrousser chemin ; une autre fois une pluie battante nous avait retenus au logis au moment d'entreprendre le *tour d'Inosima*. Je dus à un coup du hasard de faire cette charmante excursion seul et dans des circonstances dont j'ai gardé le plus agréable souvenir.

Par une belle et fraîche soirée qui avait suivi une brûlante journée d'été, je traversais à cheval les vertes et vastes plaines qui s'étendent à l'ouest de Yokohama, entre la mer et une longue chaîne de hauteurs boisées. Les chemins étaient en bon état, et le *poney* que je montais, animal vigoureux et vif, comme on en voit beaucoup au Japon, me portait rapidement à travers la campagne. Devant moi courait mon *betto*, jeune homme de vingt ans, rasant le sol de ses pieds agiles et poussant de temps à autre un cri particulier destiné à éveiller l'attention du cheval, lorsqu'il s'agissait de franchir un petit ruisseau ou d'éviter de grosses pierres qui çà et là jonchaient le milieu du chemin. Il s'était successivement dépouillé de presque tous ses habits, qu'il avait attachés derrière la selle du cheval, et il montrait à nu ses membres nerveux, secs, bien proportionnés et bizarrement tatoués.

On voyage vite à cheval quand on n'a pas de compagnon : en peu de temps, j'eus traversé plusieurs vallons, gravi deux ou trois montées, et j'étais à une bonne distance de Yokohama, lorsque mon *betto* s'arrêta devant une *maison de thé* en s'informant si je ne voulais pas prendre un instant de repos. Je le vis haletant, baigné de sueur ; il n'était pas difficile de comprendre qu'il était fatigué. Je mis pied à terre, et, m'asseyant sous la galerie ouverte (*verandah*) qui entourait la maisonnette, je demandai du thé et du tabac, qu'une vieille femme proprement vêtue s'empressa de m'apporter.

De l'endroit assez élevé où cette course m'avait conduit, je voyais s'étendre autour de moi la campagne japonaise, si pittoresque, si luxuriante, d'un aspect si paisible, et si parfaitement belle que tous les paysages que j'ai pu voir s'effacent lorsque je veux les comparer à elle. A mes pieds s'ouvrait une large vallée flanquée de collines couvertes d'arbres magnifiques; un peu plus loin, d'autres collines s'échelonnaient de terrasse en terrasse, et finissaient par former à l'horizon l'imposante chaîne de Hankoni, au milieu de laquelle se détachait le pic de Fousiyama, sous la magique lumière du soleil couchant. De l'autre côté de la vallée, j'avais vue sur la mer : elle était calme comme un lac des montagnes, et ses longues vagues, empruntant au ciel du soir des reflets de pourpre et d'orange, semblaient d'or et de feu. Dans cet endroit, une passe longue et resserrée pénètre assez avant dans les terres, et réunit à la mer un petit lac. De nombreuses embarcations de pêche le sillonnaient; sur les bords, j'apercevais un assez grand village.

Mon *betto*, amateur des beautés de la nature, comme tous ses compatriotes, se fit de lui-même mon cicerone. « Voici, en vérité, dit-il, le plus bel endroit qui soit aux environs de Yokohama! Vous pouvez voir Fousiyama et la mer, et là-bas, à vos pieds, ce village blanc baigné par les eaux du lac, c'est Kasanava; il appartient au vieux daïmio de Fossokawa. »

Depuis longtemps, j'avais formé le projet de visiter ce village, et m'en voyant si près, je résolus aussitôt de m'y rendre ; mais le jour touchait à sa fin, et si j'étais descendu jusqu'à Kanasava, je n'aurais pu rentrer à Yokohama qu'assez tard dans la nuit. Afin d'ôter tout motif d'inquiétude à mon hôte et de me promener tout à mon aise, je demandai au *betto* si, moyennant une récompense de 2 *itzibous* 15 francs), il voulait porter une lettre à Yokohama et me transmettre la réponse à Kanasava avant minuit. Il s'agissait d'une course de 25 kilomètres, et le *betto* venait de fournir une traite assez longue ; mais c'est un énergique aiguillon que l'appât de 2 *itzibous* pour un pauvre diable qui n'en gagne que 10 par mois, et la longueur de la route n'avait pas, au reste, de quoi effrayer un homme aussi rompu que lui aux marches forcées. Le *betto* accepta mon offre avec empressement, et aussitôt que je lui eus remis un billet à l'adresse de mon hôte, et où j'expliquais le motif de mon absence, en le priant de m'envoyer de l'argent et un *revolver*, je vis mon guide s'éloigner au pas de course. Je restai encore un peu de temps dans la maison de thé ; puis, passant à mon bras la guide de mon cheval, je descendis à pied la colline où je m'étais arrêté. Je rencontrais plusieurs Japonais qui, me voyant cheminer de la sorte, me regardèrent passer avec quelque étonnement ; mais aucun d'eux ne manqua de me saluer avec cette respectueuse bienveillance qu'à cette époque même (1862) on avait encore l'habitude de témoigner aux *to-djins* (hommes de l'Occident).

Au pied de la colline, il y avait une vaste rizière que je traversai au trot, et bientôt j'entrai dans le village de Kanasava. Mon apparition causa une sorte d'émeute, bien qu'un assez grand nombre d'étrangers aient déjà visité cet endroit. Hommes et femmes accoururent sur le seuil des portes pour assister à mon passage, et une foule d'enfants se précipitèrent derrière moi et m'escortèrent de leurs bruyantes et joyeuses clameurs jusqu'à l'auberge que le *betto* m'avait désignée comme la meilleure du pays. Je ne puis pas dire qu'on m'y ait accueilli à bras ouverts ; bien au contraire, mon arrivée causa un embarras visible à l'hôtesse, qui vint à ma rencontre et me pria, en termes polis, mais très-clairs, de chercher un gîte ailleurs, prétendant qu'elle n'avait aucune chambre de libre et qu'il lui était impossible de me loger, ni moi ni ma bête.

Cette réception ne me surprit pas : je savais par expérience qu'il fallait en attribuer l'apparente rigueur non à la malveillance, mais à l'espèce de terreur qu'inspire un gouvernement soupçonneux, qui, là comme partout ailleurs, s'efforce d'empêcher tout commerce entre les étrangers et les indigènes. Aussi, ne me laissant point rebuter, je mis pied à terre, conduisis moi-même mon cheval à l'écurie et m'installai ensuite dans la salle commune située au rez-de-chaussée de l'hôtellerie et où s'étaient réunis bon nombre de curieux inoffensifs, puis je demandai à boire et à manger ; mais la maîtresse de la maison, accompagnée de plusieurs autres personnes, revint alors me prier très-humblement de vouloir bien quitter l'auberge. Elle s'exposait à être punie, disait-elle, si elle consentait à recevoir un étranger sans la permission des autorités du village. Je lui répondis que mon cheval était trop fatigué pour me ramener sur-le-champ à Yokohama, que d'ailleurs la nuit était proche, et que je ne me souciais pas de faire, dans l'obscurité, une aussi longue course pour rentrer à Yokohama. Je lui conseillai donc de prévenir les autorités et de faire appeler un *staban* ou *yakounine* (sergent de ville, officier), avec lequel je saurais bien m'entendre.

Un homme fut expédié, et quelques minutes après, je le vis revenir, marchant à grands pas et accompagné de deux officiers à l'air grave et important. Ils m'abordèrent poliment ; l'un d'eux tira un carnet de sa ceinture et, prenant note de tout ce que je disais, il se mit à me demander mon nom, mon état, ma nationalité, d'où je venais et où j'allais. J'aurais pu laisser toutes ces questions sans réponse, puisque je n'étais point sorti des limites territoriales en dedans desquelles les étrangers ont le droit, d'après les traités, de circuler librement; mais discuter un point de droit avec un agent subalterne au service d'un des mille petits tyrans qui fourmillent au Japon ne m'aurait conduit à rien, et je subis de bonne grâce l'interminable interrogatoire de mon interlocuteur, qui agit en cette circonstance avec autant de solennité que si les plus graves intérêts eussent été en jeu. Lorsqu'il eut épuisé toutes ses questions, je lui en adressai, de mon côté, quelques-unes dont la solution me touchait davantage. Je lui demandai s'il était enfin permis à l'aubergiste de pourvoir à mes besoins, de me donner, pour de l'argent, un repas et une chambre, et d'avoir la conscience en repos sur les conséquences d'un acte si peu illégal. Le *staban* fit encore quelques difficultés. La cuisine japonaise ne convenait pas au goût des étrangers, il n'y avait point de lit dans les chambres et je ne voulais pas coucher sur des nattes. Il était de toutes façons plus convenable, selon lui, de m'en retourner d'où j'étais venu. La soirée était belle et calme. Il se chargeait de me procurer un canot qui me reconduirait sain et sauf à Yokohama, et en outre il s'engageait à m'y envoyer mon cheval, dès le lendemain à la pointe du jour. Décidé à ne pas faire de concession à ce sujet, je menaçai de porter mes plaintes au gouverneur de Yokohoma, si l'on cherchait à m'entraver dans ce que j'avais l'intention et le droit de faire. La discussion n'alla pas plus loin, et le *staban* et son acolyte se retirèrent pour aller faire leur rapport au magistrat du lieu. Je n'entendis plus parler d'eux, et je présume qu'il fut convenu dans le conseil d'État de Kanasava qu'il fallait me laisser en paix.

J'ai insisté un peu sur les détails de cette scène, parce qu'on en voit sans cesse de pareilles se renouveler au Japon, et qu'elle montre par certains côtés la nature de nos rapports avec la population japonaise. Cette population est placée sous la tutelle d'un gouvernement despotique, et n'ose faire un seul pas sans quêter l'agrément de ses maîtres. Ceux-ci, pour des raisons qui nous ont paru mériter une étude spéciale, sont hostiles anx étrangers et se plaisent à les représenter comme des êtres dangereux et barbares. Ils appréhendent par dessus tout de voir diminuer le respect dont le bas peuple les entoure, en autorisant la libre circulation d'hommes qu'ils savent fort peu enclins à leur prodiguer des marques de déférence, et ils s'opposent, pour ce motif, de toutes leurs forces à l'établissement de relations intimes et amicales entre Japonais et Européens. Aussi, au-delà des murs de Yokohoma et de Nagasacki, et souvent même, dans l'intérieur de ces villes, où les étrangers ont plein droit de cité, un Européen ne peut guère aborder un Japonais sans voir bientôt apparaître à ses côtés l'inévitable *yakounine*, qu'il faut supporter comme intermédiaire dans les transactions les plus mesquines, et dont la tâche semble consister à rendre les relations aussi difficiles que possible. Les plaintes répétées de nos ministres n'ont rien changé à cela. On s'est contenté de leur répondre qu'on agissait ainsi par mesure de précaution et dans l'unique intérêt des étrangers, et puisqu'on rendait le gouvernement japonais responsable de leur sécurité, celui-ci n'excédait pas la limite de son droit en les entourant d'une surveillance qu'il jugeait nécessaire. Ce fâcheux état de choses ne cessera d'exister que lorsque le taïkoun aura enfin compris que ses nouveaux alliés sont aussi ses amis naturels, et qu'il doit s'efforcer de gagner leurs sympathies, afin de pouvoir les opposer efficacement aux prétentions du mikado et des daïmios, qui, pour des raisons plus ou moins spécieuses, accusent le gouvernement de Yédo d'avoir violé la constitution du Japon en concluant des traités avec les nations occidentales.

Ma craintive hôtesse de Kanasava, dès que sa responsabilité eut été mise à couvert par l'intervention d'un agent de l'autorité, changea de ton envers moi. Elle ordonna qu'on s'occupât de mon cheval, me conduisit dans une petite chambre bien propre, et me fit servir un repas à la japonaise, composé d'une soupe au poisson, de poissons bouillis, et crus, de riz, de sucreries et de fruits, le tout arrosé, à mon choix, de *sakki* et de thé.

La cuisine japonaise est très-variée et tout à fait celle d'un peuple civilisé. J'insiste là-dessus, parce que j'ai remarqué que la question ; *Que mange-t-on au Japon?* est une de celles qu'on m'a le plus souvent adressées. La réponse est bien simple : les Européens mangent là-bas ce qu'ils ont coutume de manger chez eux, c'est-à-dire du bœuf, du mouton, de la volaille, du gibier, du poisson, des légumes. La seule particularité d'un repas européen pris au Japon, c'est que le riz au *curry*, plat favori de tous les colons, y figure invariablement, qu'il s'agisse d'un dîner de cérémonie ou d'un repas ordinaire. Quant à la cuisine du pays proprement dite, elle a des traits essentiels qui la distinguent de la nôtre. D'abord la viande de boucherie y fait absolument défaut; le règne animal n'y est représenté que par la volaille et le poisson. Les pauvres gens ne consomment que du riz et des légumes; ils relèvent cette nourriture un peu fade en l'assaisonnant avec force raifort et piment. Parmi les gens plus aisés, on accompagne le riz de poisson cru et bouilli, d'œufs durs, de fruits, tels que pommes, poires, raisins, oranges et de sucreries. Ce n'est que dans les grands galas que j'ai vu servir à table des soupes au poulet et des fricassées de volaille; mais chez les riches comme chez les pauvres le riz forme la base de l'alimentation, et tient lieu tout à la fois de pain et de viande.

La boisson ordinaire et universelle est le thé. On boit aussi, mais par exception, du *sakki* (eau-de-vie de riz) et du vin doux d'Osaka, dont l'agréable saveur rappelle de loin celle du vin de Tokai; cependant l'occasion de prendre de ces boissons n'est pas rare, attendu que le Japonais, l'homme le plus sociable du monde, accepte très-volontiers une invitation à dîner, et qu'il aime à rassembler des amis à sa table. Dans cette circonstance, le *sakki* chaud ou froid remplace le thé, surtout vers la fin du repas, quoiqu'on ne s'abstienne jamais de cette dernière boisson.

En général, le Japonais, comme tous les habitants de l'extrême Orient d'ailleurs, Chinois, Indiens, Malais, Annamites, sont très-sobres, et je n'en ai pas vu un seul se livrer à des excès de table jusqu'à en perdre la raison. Un bon cuisinier japonais possède aussi bien qu'un Vatel l'art de préparer des mets qui plaisent aux yeux, et même dans les classes infimes de la société on s'efforce de servir les repas d'une manière appétissante. La malpropreté y est à ce point inconnue que je n'ai jamais eu aucune plainte à faire ou à entendre à ce sujet. Aussi ce fut de fort bon appétit et sans la moindre répugnance que je fis honneur au repas qui me fut servi à l'auberge de Kanasava.

Le soleil s'était couché, la nuit paisible, belle et sereine, couvrait le lac et les collines environnantes, la mer et les montagnes que j'avais aperçues à l'horizon. Les nuits japonaises sont d'une grande beauté. L'atmosphère est d'une transparence tellement remarquable que les météorologistes qui ont visité le Japon y ont vu un phénomène tout particulier dont ils se sont efforcés de découvrir les causes. Les voyageurs, sans partager ces savantes préoccupations, sont unanimes à vanter le charme indicible qu'ils ont éprouvé sous le ciel étoilé de « l'empire du soleil naissant. »

J'avais pris place sous la *verandah*, et prêtant une oreille distraite à la conversation des hôtes de l'auberge, qui, groupés sur le seuil de la maison, s'abandonnaient au passe-temps favori des Japonais, fumer en buvant du thé, je suivais du regard une pêche aux flambeaux qui avait lieu sur le lac, à une faible distance de l'endroit où je me trouvais. C'était un spectacle fantastique et dont l'image s'est fixée dans ma mémoire. Il y avait là cinq ou six bateaux, chacun monté par une demi-douzaine d'hommes; une dizaine d'entre eux étaient armés de torches qui brûlaient d'un feu rougeâtre et qui répandaient une épaisse fumée dont l'odeur résineuse arrivait jusqu'à moi. A cette lueur incertaine, réfléchie dans l'eau qui la brisait en la faisant miroiter sur ces courtes vagues ridées par une faible brise, je vis se mouvoir, silencieuses comme des ombres, des formes humaines qui se baissaient, se relevaient, et semblaient se livrer à un labeur étrange et mystérieux.

De l'autre côté du lac, j'aperçus une maison dont le premier étage était illuminé par un grand nombre de lanternes. Bientôt je distinguai les sons perçants que les Japonais tirent du *sampsin* en frappant d'un morceau d'ivoire les cordes de soie de cette espèce de guitare et les notes plus douces produites par l'instrument appelé *khoto* (harpe à treize cordes). Des voix d'hommes et de femmes qui se mêlaient de temps en temps à cette musique complétaient le concert. On célébrait évidemment une fête dans cette maison, et, me fiant aux mœurs hospitalières des Japonais, je résolus de voir de plus près ce qui s'y passait.

La maîtresse de l'auberge ouvrit de grands yeux étonnés lorsque je lui demandai de me faire conduire à la maison éclairée, que je désignai du geste; pourtant elle ne s'opposa pas à mon dessein et appela un petit garçon qui, tel que la nature l'avait fait, sans vêtement aucun, sortit d'un coin de la chambre où il avait dormi sous une épaisse couverture. Il se frotta les yeux sans parvenir à en chasser le sommeil, passa sa petite robe qui, grande ouverte par devant et tombant jusqu'aux genoux, ne lui couvrait que le dos, prit la lanterne, et marcha devant moi d'un pas mal assuré et en suivant plutôt l'impulsion de ma main que l'accent de ma voix. C'était un véritable somnambule. En entrant dans la maison, où, dans une salle du rez-de-chaussée, quelques Japonais se tenaient accroupis autour d'un *brasero*, l'enfant se réveilla pour quelques instants, éteignit, en poussant un gros soupir, la lanterne qu'il portait à la main, et se laissa tomber dans un coin; il avait de nouveau fermé les yeux avant que j'eusse eu le temps de souhaiter le bonsoir à mes nouveaux hôtes. Ceux-ci parurent fort surpris d'abord et même inquiets de ma visite inattendue; mais, lorsque je leur eus expliqué que j'étais venu de l'autre côté du lac afin d'entendre de plus près la musique qui se faisait chez eux, ils se mirent à sourire et me souhaitèrent la bienvenue; l'un d'eux, un domestique, se leva pour annoncer mon arrivée à ses maîtres; il revint presque aussitôt et me pria de le suivre. Je gravis un escalier étroit et roide et parvins ainsi au premier étage de la maison.

Dans une grande chambre éclairée par des lanternes en papier et quelques mauvaises chandelles, je vis une joyeuse compagnie de Japonais; elle se composait de quatre hommes, de leurs femmes, de deux enfants et de quatre chanteuses : ces dernières étaient placées dans un angle de la chambre, tandis qu'au milieu les autres se tenaient accroupis autour de plusieurs plateaux chargés des débris d'un repas. Les figures animées des convives, leurs yeux brillants et l'absence de tout embarras et de toute crainte en me voyant entrer, me firent comprendre que je les surprenais au milieu d'une de ces petites fêtes de famille si fréquentes chez les Japonais. Un homme d'un certain âge, probablement le chef de la maison, se leva et me souhaita fort poliment la bienvenue; les autres m'invitèrent par gestes à prendre place parmi eux : les femmes et les enfants me regardaient avec une curiosité naïve.

Je tâchai d'expliquer l'objet de ma visite, et j'eus quelque peine à me faire entendre; mais j'en eus bien davantage encore pour saisir le sens de ce qu'on me répondit. Mes hôtes n'avaient jamais échangé une parole avec un Européen, et le langage qu'à Yokohama j'avais la prétention de donner pour du japonais ne semblait pas avoir droit de cité dans tout l'empire. En général, le japonais que parlent la plupart des étrangers diffère essentiellement de la langue pure et choisie des indigènes. Aussi ai-je remarqué souvent que, pour converser avec des marchands venus de l'intérieur, les commerçants de Yokohama se servaient de leurs domestiques comme interprètes. Cependant la difficulté que nous eûmes à échanger quelques phrases ne refroidit pas l'excellent accueil qui me fut fait, et que les Européens trouvent toujours au Japon lorsqu'il n'y a pas de motif particulier de les éviter ou de les craindre. On m'offrit du thé, du riz, des fruits, du *sakki*, et l'on s'amusa beaucoup de la maladresse que je mis à me servir des deux petits bâtons qui remplacent le couteau et la fourchette. Je restai plus d'une heure en compagnie de ces braves gens, et ils m'auraient retenu longtemps encore, si je n'avais prétexté la fatigue du voyage et la nécessité où j'étais de me lever de grand matin. Les hommes m'accompagnèrent jusqu'au seuil de la porte; l'un d'eux insista même pour me reconduire jusqu'à l'auberge où je devais passer la nuit, et il ne se retira qu'après m'y avoir vu rentrer sain et sauf.

Les souvenirs que m'a laissés l'hospitalité japonaise n'étonneront aucun des Occidentaux qui ont vécu à Yokohama ou à Nagasacki, et plusieurs d'entre eux y ont reçu un accueil semblable. Le peuple au Japon aime en effet les étrangers; il ne nie point leur supériorité, et semble instinctivement reconnaître en eux des libérateurs, destinés à briser le joug que fait peser sur lui l'aristocratie féodale. Les relations entre commerçants japonais et européens ont été généralement agréables, et n'ont eu d'autres inconvénients que les péripéties communes à toute transaction commerciale. Nous avons rencontré la malveillance, l'opposition systématique seulement dans la classe noble, qui prévoit clairement, avec l'introduction de l'élément étranger, une révolution tout à l'avantage de la démocratie, et qui, en résistant de toutes ses forces au mouvement où elle se sent entraînée, reste, pour ainsi dire, dans le cas de légitime défense. Son opposition ne cessera définitivement que le jour où le parti libéral sera sorti victorieux de la lutte qui divise aujourd'hui l'empire en deux factions hostiles.

CHAPITRE XIV.

LES ENVIRONS DE YOKOHAMA.

Kamakoura. — Le Daï-bouts. — Inosima.

Après quelques heures d'un bon sommeil sur les belles nattes qui composaient mon lit dans l'auberge de Kanasava, je fus réveillé à pointe du jour par mon *betto*, qui, sans témoigner la moindre lassitude de la course supplémentaire de la veille, me remit le *revolver* et l'argent que je l'avais envoyé chercher à Yokohama. Je me levai aussitôt, et à la suite d'un déjeuner à la japonaise, composé de riz et de thé, je me mis en route par le beau chemin qui mène à Kamakoura. Le temps était magnifique. Donnant les rênes de mon cheval au *betto*, je traversai lentement à pied le joli village de Kanasava. Je passai devant un vieux temple entouré de figuiers des pagodes, dont les puissantes branches descendent jusqu'à terre et reprennent racine, formant ainsi un véritable édifice de verdure.

Après avoir franchi la colline sur laquelle est bâti le palais du prince de Kanasava et traversé un village dont les maisons bordent un ruisseau qui va se jeter à peu de distance dans la mer, je débouchai au milieu d'une grande plaine, terminée par une longue ligne de hauteurs boisées. A l'entrée de la plaine se trouve un cimetière ; un convoi funèbre qui s'y rendait défila devant moi ; en tête, deux prêtres récitaient des prières ; puis venait le cercueil, en forme de boîte carrée, et porté sur un brancard par quatre hommes ; derrière, suivaient les parents et les amis du défunt, tous habillés de blanc, couleur du deuil en Japon comme en Chine.

Le cérémonial des enterrements tel qu'il est observé par certaines sectes bouddhistes et sintistes est simple et touchant. Le cercueil, orné de fleurs, est porté au temple et placé devant l'autel. Les prêtres récitent des prières et entonnent des chants funèbres ; puis à un moment donné un des assistants sort du temple et rend la liberté à un pigeon blanc qu'il avait tenu enfermé dans une petite cage. Cet acte symbolique terminé, tout le monde quitte l'église. Le cercueil est placé sur un brancard et porté au cimetière. Il est d'usage de marcher alors à grands pas, sans parler ni pleurer. Ces convois blancs, passant vite et en silence, ont quelque chose de singulièrement lugubre et laissent dans l'âme une vive impression de tristesse et de douleur. Je dois remarquer cependant qu'en général les Japonais entourent la mort de moins de regrets que ne le font les peuples chrétiens.

Sur le haut des collines, à l'extrémité de la plaine, je m'arrêtai quelques instants dans une *maison de thé*, où je fus servi par une vieille bonne femme qui me vendit et m'expliqua le plan de la cité sainte de Kamakoura. Les *maisons de thé* sont, comme je l'ai déjà fait observer, extrêmement nombreuses dans toutes les parties du Japon. Le choix des sites où on les construit d'ordinaire caractérise bien un goût généralement répandu chez les Japonais : le sentiment des beautés de la nature. Chez aucun autre peuple, je ne l'ai vu développé à ce point. Dans tous les lieux accessibles d'où l'œil peut embrasser un paysage attrayant, une *maison de thé* invite les passants à s'arrêter pour jouir un instant du spectacle qui se déploie devant eux. Sur les routes fréquentées, l'établissement devient une grande auberge où une vingtaine de jeunes filles alertes font le service des nombreux voyageurs. Dans des lieux plus écartés, c'est tout simplement une maison en miniature, bâtie en bois et en papier et couverte d'un toit en chaume; une famille, composée du père, de la mère et d'une nichée d'enfants, gagne là sa vie, Dieu sait comment. Jusque dans les endroits qui paraissent tout à fait abandonnés, et où les caprices de la fantaisie conduisent le promeneur par des sentiers couverts d'une herbe épaisse qui semble n'être jamais foulée, sur le bord des ruisseaux, près des lacs et des cascades que l'on rencontre fréquemment, sont disposés de gracieux bosquets, quelquefois vides, mais le plus souvent habités par une vieille femme qui a établi sur un banc son modeste ménage ambulant : quelques tasses, des théières et un *chibats* ou *brasero*. Pour un *szeni*, c'est-à-dire pour la centième partie d'une pièce de monnaie qui ne vaut pas quatre sous, le voyageur japonais reçoit en échange une tasse de thé et une petite coupe de riz; il ne s'éloigne pas avant d'avoir fumé quelques pipes pendant qu'il jouit silencieusement du spectacle qu'il a sous les yeux.

En descendant des collines au sommet desquelles je m'étais reposé, on traverse une nouvelle plaine dont les beaux arbres, les champs bien cultivés, les nombreux villages, les fermes et les temples forment un tableau d'une grande richesse et d'une agréable variété. Au bout de cette plaine se trouve la ville de Kamakoura, célèbre dans les anciennes annales du Japon. Au douzième siècle, elle servait de résidence à Yoritomo, général fameux par ses exploits et son ambition, et qui contribua beaucoup à faire passer le gouvernement du pays des mains du mikado entre celles des chiogouns ou taïkouns.

A la suite d'une grande bataille livrée dans le voisinage de Kamakoura, cette ville fut presque entièrement détruite ; cependant elle a conservé de magnifiques vestiges de son antique splendeur. Les rues y sont aussi larges que les plus belles de Yédo ; les ponts, construits en pierre, ont résisté au temps et à l'abandon ; le vaste parc qui environne les temples est le plus beau que j'aie vu au Japon. Une longue allée, bordée de chaque côté par un double rang d'arbres centenaires, conduit jusqu'à l'entrée du bocage sacré. Avant d'y pénétrer, le pèlerin passe sous plusieurs portails en granit qui, dans leur simplicité nue, sont d'une beauté imposante. Un fossé large et profond protége les approches du parc ; sur l'eau qui l'alimente s'étalent les feuilles et les fleurs du lotus et du nénufar. On passe ce fossé sur deux ponts, l'un en pierre de taille, l'autre en bois verni de couleur rouge. Au delà des ponts une place vide, de médiocre étendue, précède un vaste édifice défendu par des portes massives couvertes de plaques en cuivre : c'est la principale entrée du parc. Une douzaine de moines, ayant cet air stupide et insolent que donne un pouvoir incontesté et immérité, y montent la garde et examinent ceux qui entrent ou qui sortent. De cet endroit on embrasse d'un coup d'œil les principaux édifices du monastère de Kamakoura : à droite et à gauche s'élèvent deux temples antiques ; en face, un magnifique escalier en pierre mène à une plate-forme qui sert d'assise à trois autres temples ; celui du milieu, le plus grand et le plus beau, est la sainte et vénérée *mia* de Kamakoura. Le parc renferme encore beaucoup d'autres édifices de ce genre, bien bâtis, richement ornés et parfaitement entretenus, une belle pagode et plusieurs corps de logis qui servent d'habitations aux moines et aux nonnes de la communauté.

Il ne me fut pas permis de visiter l'intérieur de ces divers édifices. A peine avais-je mis le pied sous la porte d'entrée du parc qu'il se fit dans toute l'enceinte un mouvement extraordinaire ; on s'empressa de fermer, à l'aide de contrevents en bois, non-seulement les temples, mais aussi les habitations des prêtres et des prêtresses de la *mia*. On me donna plusieurs raisons de cette mesure tout à fait inusitée : les uns me dirent que le couvent renfermait des femmes adultères de haute naissance, qu'elles y expiaient leur faute, et que la vue des hommes leur était interdite ; d'autres, dont l'explication plus simple est bien plus probable, me firent entendre que les moines de Kamakoura ne voulaient pas admettre dans l'enceinte sacrée les barbares chrétiens, dans la crainte que leur présence ne portât atteinte à la sainteté du lieu et ne diminuât le respect qu'avait pour cet édifice le peuple japonais. Je ne puis passer sous silence un monument unique que contient le parc de Kamakoura : c'est une large pierre, haute d'environ trois pieds, et sur laquelle la nature a grossièrement sculpté les parties sexuelles de la femme; elle est entourée d'une enceinte en bois et se dresse à l'ombre d'un vieil arbre. Cette idole étrange, qui est tenue en grande vénération par tout l'empire, porte le nom d'*Omanko-sama*. De toutes parts on y vient en pèlerinage, et on y dépose de précieuses offrandes. Les femmes stériles surtout y vont demander la fin d'une infirmité qui est regardée en quelque sorte comme honteuse; les nouveaux mariés, les jeunes filles et même les enfants y font aussi leurs prières. L'arbre qui encadre de ses branches l'*Omanko-sama* est couvert d'*ex-voto*. On m'a assuré qu'il n'existe dans aucune autre partie du Japon de monument semblable.

Après une longue promenade dans le parc de Kamakoura, je retournai à l'hôtellerie, où le *betto* m'attendait avec mon cheval. Le long du chemin, un grand nombre d'enfants s'attroupèrent autour de moi et me suivirent avec des rires joyeux et en criant : *To-djin! to-djin!* Cette foule turbulente était cependant inoffensive, et toutes les fois que je me retournais, elle se dispersait en tous sens, me laissant libre de mes mouvements et m'amusant autant que je l'amusais. On a évidemment tort de se plaindre, comme on l'a fait souvent, de la curiosité dont les étrangers sont l'objet au Japon : cette curiosité sans doute est souvent gênante, quelquefois indiscrète, mais elle n'est certes pas plus grande que celle dont le public des grandes cités européennes a entouré les ambassadeurs japonais.

A l'auberge, je trouvai l'inévitable *yakounine*; il ne montra pas moins d'empressement que son collègue de Kanasava à s'informer de beaucoup de choses qui me concernaient, et qui, selon moi, ne l'intéressaient en aucune façon; mais la charmante promenade que je venais de faire, la beauté des paysages que j'avais vus, la douceur de la température, tout enfin, jusqu'aux clameurs joyeuses des enfants, m'avait mis de fort bonne humeur, et j'accueillis le *yakounine* de manière à me rendre tout à fait populaire à Kamakoura.

Il y a peu de gens aussi faciles à égayer que les Japonais : toute plaisanterie, bonne ou mauvaise, provoque leurs éclats de rire, et, semblables aux enfants, lorsqu'ils ont commencé de rire, ils continuent sans raison. Ma conversation avec le *yakounine* de Kamakoura eut lieu dans la grande salle de la maison de thé, devant une assemblée nombreuse. Elle ne put être fort logiquement conduite, puisque j'entendais à peine ce qu'on me disait, et que je pouvais difficilement me faire comprendre ; mais eussé-je eu l'*humour* de Falstaff, je n'aurais pas mis mon auditoire en plus joyeuse disposition que je le fis en répondant aux questions du *yakounine* tout ce qui me passait de plaisant par la tête. Je pus en partant lire sur tous les visages la plus franche bienveillance, et déjà j'étais à cheval et loin des hôtes de la maison de thé, que leurs éclats de rire retentissaient encore à mes oreilles.

Au delà de Kamakoura s'étend une plaine bordée à droite par une rangée de collines. Le long de ces collines sont éparpillés des villages et des fermes au-dessus desquels s'élèvent plusieurs temples renommés. Le plus remarquable porte le nom de *Quanon-hatsedera-kaïkoso*; il renferme une statue colossale de la déesse Quanon-sama, placée derrière l'autel principal, au fond d'un obscur sanctuaire. Deux lanternes en papier, suspendues à vingt-cinq pieds de haut devant la figure de la déesse, éclairent ce lieu d'un aspect singulièrement mystérieux.

Dans le voisinage de ce temple se trouve, au milieu d'un petit jardin et entouré d'arbres, le *Daï-bouts* de Kamakoura, l'idole la plus intéressante que les étrangers puissent voir au Japon. C'est une statue en bronze haute de cinquante pieds et représentant un Bouddha; la base de ce monument n'a pas moins de cent vingt pieds de circonférence, et tout l'ensemble de cette figure gigantesque est d'une symétrie parfaite. L'intérieur même de la statue forme une espèce d'oratoire qui a trente pieds de long sur vingt de large. Autour de l'idole on a disposé de larges plaques de cuivre sur lesquelles on a gravé avec une rare perfection quelques passages des livres sacrés du Japon.

Après avoir admiré le *Daï-bouts* et acheté son image, qui, au dire du gardien du temple, devait me guérir de plusieurs maladies et me préserver de certaines autres, je me rendis au grand trot à Inosima, située à cinq ou six kilomètres du *Daïbouts*. Le chemin suit le rivage de la mer à travers une pleine sablonneuse et n'offre aucun intérêt particulier.

Inosima est une île volcanique d'environ 2 kilomètres de circonférence et exhaussée de trois cents pieds au-dessus du niveau de la plage à laquelle elle se rattache, comme il a été dit, par une étroite lagune. Elle a une population fort mêlée qui se compose de quelques familles de pêcheurs et d'un nombre considérable d'aubergistes, de marchands de curiosités, de moines et de voyageurs. Les pêcheurs sont disséminés le long du rivage, les aubergistes et les marchands se sont établis dans la petite ville qui sert de chef-lieu, et les moines habitent les nombreux couvents et temples qui couvrent la plus grande partie de l'île, notamment les hauteurs. Parmi ces temples, qui sont tous en grande vénération et où l'on se rend en pèlerinage des provinces les plus éloignées du Japon, les plus remarquables sont consacrés aux déesses Benten-sama et Quanon-sama; ils sont l'un et l'autre entourés de bosquets et de maisons de thé dont l'entretien ne laisse rien à désirer.

Il était midi lorsque je descendis de cheval devant la principale hôtellerie d'Inosima. Un jeune homme s'offrit à me servir de guide; et, comme je voulais rentrer le même soir à Kanasava, je partis aussitôt avec lui pour faire l'ascension de l'île et visiter en passant les plus curieux édifices. La ville que je traversai est construite sur le flanc escarpé de la montagne. Dans la plupart des maisons on vendait des coquillages, des poissons volants séchés, des coraux et autres produits de la mer; tout cela ressemblait à autant de jouets d'enfants, se donnait à bas prix et ne valait pas grand'chose. Les pèlerins, à ce que m'apprit le guide, avaient l'habitude d'acheter ces bagatelles pour les suspendre dans leurs maisons en guise de talisman contre l'influence des mauvais esprits.

Au sommet du rocher, à l'endroit d'où l'on jouit d'un magnifique panorama, je ne pouvais manquer de trouver une maison de thé; il y en avait une en effet, et à la porte on avait dressé sur un tréteau une longue-vue de fabrique indigène et à l'aide de laquelle je distinguai la jolie ville d'Oo-sima et le cap d'Idsou, où est située la ville de Simoda, célèbre dans l'histoire de nos premières relations commerciales et politiques avec le Japon[1]. Non loin de la maison de thé s'élèvent les temples de Quanon-sama et de Bentem-sama. Je les visitai à la hâte et ils ne me paraissent guère mériter l'attention du voyageur, surtout lorsqu'on connaît déjà le temple de Quanon-sama à Yédo, le modèle, en quelque sorte de tous les édifices consacrés à la même déesse. Je remarquai pourtant un trophée en manière d'*ex-voto* et d'une nature singulière : à la porte de l'un des temples, on avait suspendu des sandales en paille de toute dimension. C'est une offrande à l'adresse d'une divinité dont le nom m'échappe, et dont les pèlerins japonais avaient voulu s'assurer la protection durant leur voyage.

Après avoir quitté le sommet de la montagne, je pénétrai dans une grotte creusée fort avant dans le rocher, et que la superstition populaire désigne comme la demeure d'un grand nombre de divinités. Cette grotte, étroite et basse, a presque trois quarts de kilomètre de long ; elle est garnie d'idoles, et, à certaines époques de l'année, on y célèbre des fêtes qui tiennent une place importante dans le

---

[1]. C'est à Simoda que M. Townsend Harris, le ministre des États-Unis, et M. Henry Heusken, son secrétaire, vinrent résider après la conclusion du premier traité entre le Japon et l'Amérique.

calendrier japonais. Au milieu à peu près, dans un enfoncement humide, obscur et malsain, j'aperçus, accroupi sur une litière de paille à moitié pourrie, un moine. Il se réchauffait au feu d'un *brasero* sur lequel bouillait une théière ; il fumait, et par terre, à côté de lui, on voyait une de ces boîtes en bois vernis taillées en forme de tirelire, que les bonzes frappent à temps égaux en récitant leurs prières. Une lanterne en papier accrochée à la muraille éclairait cette scène. J'allais m'apitoyer sur le sort d'un homme que ses croyances religieuses condamnaient à vivre dans ce lieu infect ; mais j'appris qu'il habitait une jolie maison en plein air sur le plateau d'Inosima et qu'il ne passait tous les ans qu'un nombre de jours très-limités dans son affreuse cellule. J'aurais été, en effet, bien surpris qu'il en fût autrement, car, d'après ce que j'ai vu, je ne crois pas qu'il soit aisé de découvrir au Japon une seule victime du fanatisme religieux. Sous ce rapport, les Japonais ressemblent beaucoup à leurs voisins et anciens maîtres les Chinois : superstitieux en théorie, ils se montrent, dans la pratique, plus affranchis de préjugés religieux que les nations les plus raisonneuses de l'Occident.

La lumière du jour me surprit agréablement, lorsque je sortis de la grotte. Une trentaine d'hommes et de petits garçons complétement nus guettaient mon retour pour m'inviter à mettre leur adresse de plongeur à l'épreuve. Je jetai quelques *tempos* (monnaie de billon qui vaut quatre sous environ) dans un trou assez profond, à proximité de la grotte et en communication avec la mer. Les plongeurs restèrent trente ou quarante secondes sous l'eau, et ne reparurent pas une seule fois à la surface sans avoir retrouvé la pièce qu'ils avaient été chercher. Ils nageaient avec une aisance merveilleuse et me rappelaient les fameux plongeurs d'Aden et de Ceylon, qui sont capables, dit-on, de nager plusieurs heures sans ressentir beaucoup de fatigue. Les plongeurs d'Inosima forment une sorte d'association placée sous la direction d'un ancien. Lorsqu'ils n'ont pas occasion de pratiquer leur exercice favori, ils se livrent à un genre de pêche assez pénible : armés d'un couteau, ils descendent au fond de la mer et en arrachent des coraux et des coquillages qu'ils vendent aux marchands de la ville. Ce sont des hommes robustes et bien bâtis, mais d'une figure passablement laide, et qui m'ont semblé plus sauvages que le reste de leurs compatriotes.

Je repris pour m'en retourner le chemin que j'avais déjà suivi, et au bout d'une heure et demie j'étais à Kanasava. Là je trouvai le consul hollandais, mon hôte de Yokohama, qui était venu en bateau à ma rencontre. Il me dit qu'à Yokohama on avait répandu le bruit que quatre cents *lonines* allaient nuitamment attaquer la ville et massacrer les étrangers. Sans attribuer beaucoup de croyance à ce conte invraisemblable, il avait cependant voulu m'éviter les risques d'une longue excursion à travers un pays accidenté et me proposait de revenir avec lui par mer à Yokohama. Je m'empressai d'accepter cette offre aimable, et, après avoir remis mon cheval au *betto*, qui pendant vingt heures n'avait guère fait autre chose que marcher et courir, je montai sur l'embarcation, et je fus transporté en trois heures, à travers les baies de Mississipi et de Yokohama, à Bentendori-no-hattoban, le débarcadère du consulat hollandais à Yokohama.

CHAPITRE XV.

DÉPART DE YOKOHAMA.

Souvo-nada, la Mer-Intérieure. — Le détroit de Van-Diémen.
— Osakka. — Hiogo. — Simonoséki.

C'est un triste moment que celui des adieux, et bien qu'on acquière en voyageant l'habitude de bien des séparations, la douleur qu'on en éprouve, pour être moins vive en apparence, n'en est que plus profonde. En s'éloignant une première fois de ses amis, en leur disant au revoir, on s'imagine les retrouver tôt ou tard tels qu'on les a quittés, et l'on goûte même par avance, dès le jour du départ, la joie que l'on rêve pour le moment du retour. Plus tard l'expérience amène la disillusion et justifie le mot amer : « Les absents ont tort. » En prenant forcément l'habitude de ne plus voir ses amis, on s'accoutume insensiblement aussi à ne plus penser à eux ; au bout de quelques mois déjà, leur souvenir ne se présente plus que de loin en loin ; de nouvelles affections succèdent aux anciennes, et en remplaçant ses vieux amis par d'autres, on comprend qu'on soit remplacé dans leur cœur par de nouvelles amitiés : « Nature le veut par faveur de l'inconstance humaine. » En disant adieu à ses amis pour longtemps, on doit craindre de leur dire adieu pour toujours.

Après un séjour de près de quatre ans dans les diverses contrées de l'extrême Orient, je me vis obligé de retourner en Europe. *Le Saint-Louis*, ce même navire qui m'avait conduit de Nagasacki aux établissements russes de la Mandchourie, puis à Hakodadé et à Yokohama, devait, au mois de septembre 1862, me transporter à Shang-haï en me faisant passer par la *Souvo-nada* ou Mer-Intérieure du Japon, et me permettre ainsi de compléter mon voyage autour de cet empire. Mes amis européens continuèrent jusqu'au dernier moment à m'entourer de cordiales attentions, à me témoigner cette franche bienveillance que tous les voyageurs ont obtenue d'eux et qui fait le charme de ces petites communautés étrangères reléguées aux dernières limites du monde civilisé. Quant à mes amis japonais, ils semblaient tenir aussi à ce que j'emportasse d'eux un affectueux souvenir : dès qu'ils connurent mon prochain départ de Yokohama, ils vinrent en grand nombre prendre congé de moi ; plusieurs d'entre eux, selon la coutume du pays, m'apportaient de petits cadeaux, tels que des éventails, des tasses à thé, des coupes en bois verni ; tous, en me quittant, prononçaient quelques formules d'adieu consacrées par l'usage et empreintes de cette grâce particulière, facile et naturelle, qui rend si agréables les relations sociales avec les Japonais. « Nous sommes affligés de vous voir partir, disaient-ils. Nous vous remercions de nous avoir connus. Nous vous prions de nous garder un souvenir amical, et nous espérons vous revoir bientôt. *Seianara maté tadaïma.* »

Le jour de mon départ, M. de Graeffvan Polsbroeck, mon excellent hôte, réunit la plupart des Européens et des Américains que j'avais plus particulièrement connus à Yokohama, et le soir nous montâmes tous dans un grand bateau illuminé par des lanternes de couleurs et qui allait me conduire à bord. La nuit était belle ; les eaux calmes de la baie reflétaient un ciel magnifiquement étoilé. Lorsque nous nous approchâmes du *Saint-Louis*, l'un de nous entonna la vieille chanson écossaise, si populaire à l'étranger : *Auld lang syne;* nous continuâmes tous en chœur, et ce fut ainsi que nous arrivâmes à l'échelle du navire :

> And here's a hand my trusty fere,
> And gi'es a hando' thine,
> And we'll take a cup o'kindness yet
> For auld lang syne.

Mes amis montèrent avec moi sur le pont; là, je leur serrai la main une dernière fois, et leur dis à tout hasard : Au revoir ! Bientôt après je les vis s'éloigner sur le bateau qui m'avait conduit à bord.

Le Saint-Louis était plein de passagers qui se rendaient à Shang-haï, et toutes les bonnes places avaient été retenues longtemps à l'avance. Je trouvai cependant un canapé vide; je m'y jetai tout habillé, et malgré le bruit des conversations je m'endormis profondément. Vers le matin, je m'éveillai; une chaleur lourde et désagréable régnait dans la cabine. Je montai sur le pont. La cloche d'un des navires de guerre en rade de Yokohama sonna quatre heures; les matelots firent entendre leur cri accoutumé : *all is well;* puis tout rentra dans le silence. Aux premières lueurs du jour, *le Saint-Louis* parut s'éveiller; on chauffa la machine et on fit les préparatifs du départ. Bientôt j'entendis le chant particulier aux matelots lorsqu'ils lèvent l'ancre, et à cinq heures nous quittâmes le port.

Les bateaux à vapeur qui se rendent de Yokohama à Nagasacki et de là à Shang-haï peuvent passer par le détroit de Van-Diémen au sud de l'île Kiou-siou, ou par la Mer-Intérieure (*Souvo-nada*) qui sépare la grande île de Nippon des îles de Sikok et de Kiou-siou. C'est cette dernière route que choisit *le Saint-Louis*; mais quelques mots sur la première, que j'avais prise en 1859, lorsque j'allai de Yokohama à Nagasacki, ne seront pas, je le crois, sans intérêt.

Le détroit de Van-Diémen a trente milles de long sur une largeur moyenne de vingt milles. Le passage présente peu de difficulté, même aux bâtiments à voile, quand on le suit de l'est à l'ouest, car le navire est porté alors vers la sortie du détroit par un courant qui a une vitesse de deux milles à l'heure. Ce courant est probablement le même que celui qui, dérivé du grand courant équatorial, remonte au nord, le long de la côte orientale de Formose, rentre dans l'océan Pacifique par le nord de l'archipel de Lou-tchou, et va se confondre avec le courant de Kamtchatka, au nord du Japon. Si le détroit de Van-Diémen n'est pas renommé par sa beauté, c'est qu'il n'est pas connu : la mer, couverte de jonques et d'embarcations de pêche, baigne des plaines cultivées, des collines boisées, de hautes montagnes aux formes hardies et grandioses; le ciel, chargé de ces immenses nuages d'un éclat extraordinaire qui sont dus au voisinage des volcans en activité, imprime à tout cet ensemble pittoresque un caractère de beauté singulière. La plus remarquable des montagnes est le pic de Horner, à l'entrée occidentale du détroit ; de forme triangulaire et tronquée au sommet suivant un plan parallèle à la base, elle est d'une régularité telle qu'on la croirait l'œuvre des hommes, si l'imposante grandeur de ses proportions ne forçait de l'attribuer à la nature. Le pic Horner forme la pointe sud-ouest de l'île de Kiou-siou. A vingt et un milles au sud, deux volcans, dont une fumée épaisse cache les sommets pendant la plus grande partie de l'année, s'élèvent sur une même ligne, séparés l'un de l'autre par une distance de quinze milles. L'un situé dans l'île de Kouro-sima, a 2132 pieds de hauteur ; l'autre, dans l'île d'Ivoga-sima, atteint à 2345 pieds. Entre ces deux îles et plus au sud se dressent trois énormes rochers, hauts de 2 à 300 pieds, et dont l'aspect désolé se marie admirablement avec le caractère sombre de cette partie du paysage.

Lorsqu'on a dépassé le pic Horner (en venant de Nagasacki pour se rendre à Yokohama), on voit s'ouvrir au nord une baie profonde de trente milles, large de dix milles, et au fond de laquelle se trouve la ville de Kago-sima, l'un des plus considérables entrepôts du commerce de l'île Kiou-siou[1]. On sort du détroit de Van-Diémen en doublant le cap Tchit-

---

1. C'est cette ville de Kago-sima, la capitale de la principauté de Satzouma, qui a été bombardée en 1863 par une escadre anglaise.

chatchef, la pointe la plus méridionale du Japon ; ensuite on navigue au sud des îles de Sikok et de Nipon, et après avoir parcouru une distance de 600 milles, on entre dans le golfe de Yédo. Cette route de Nagasacki à Yokohama par le détroit de Van-Diémen se fait d'ordinaire, en bateau à vapeur, dans l'espace de quatre ou six jours ; la distance entre les deux ports est de 800 milles.

Le Saint-Louis, en partance pour Shang-haï, *via* Nagasacki, quitta Yokohama le 3 septembre 1862. Le vent, d'abord favorable, avait permis de sortir rapidement du golfe de Yédo ; en pleine mer, il devint contraire, et il fallut plus de trois jours pour atteindre le canal de Kino, qui conduit, entre les îles de Nippon et de Sikok, dans la Mer-Intérieure. Ce détroit, long de 80 milles, est très-large à l'embouchure. Vers le milieu, il est coupé en deux bras par l'île d'Avasi-sima ; le bras oriental, par lequel passent les navires, mesure à l'entrée 5 milles de large seulement. Avasi-sima, qui a 30 milles de long sur 10 de large, appartient au prince d'Ava, un des dix-huit pairs ou grands daïmios du Japon. Ce prince entretient sur l'île une forte garnison, en partie chargée de la garde des portes de la Mer-Intérieure.

A l'extrémité nord du détroit de Kino, la côte de Nippon s'incline brusquement vers l'ouest et forme un angle au sommet duquel on voit apparaître

Osakka, la plus opulente ville de commerce de l'empire. D'après les traités, cette ville devait être ouverte le 1er janvier 1864 aux étrangers, qui n'auraient pas manqué de s'y installer, si la promesse s'était réalisée ; mais la diplomatie japonaise, en obtenant l'ajournement de l'ouverture de Yédo, réussit également à faire retarder l'ouverture d'Osakka. Dans un temps prochain cependant, cette ville cessera de nous être interdite : on connaît trop l'importance, les richesses d'Osakka, l'esprit entreprenant et libéral des habitants, les seuls négociants du Japon, à ce qu'on assure, qui, dans leurs rapports avec l'aristocratie, aient su conquérir une certaine indépendance pour ne pas insister avec fermeté sur l'exécution d'une des plus importantes clauses des traités de 1859.

On n'a pu jusqu'à présent obtenir sur Osakka que des renseignements assez vagues. Cette ville est le plus beau fleuron du domaine du taïkoun, de l'empereur temporel, comme on persiste en Europe à désigner le lieutenant du mikado. Il la fait administrer par un *o-boungo* ou gouverneur ; Osakka, bâtie dans une plaine fertile, à quatre milles au-dessus de l'embouchure du fleuve Jodo-Kava et sur le *to-kaïdo*, la grande voie qui traverse l'empire depuis Nagasacki jusqu'à Hakodadé, est éloignée d'environ 50 kilomètres de Kioto ou Miako, capitale du Japon et résidence du mikado. D'après un plan japonais que j'ai eu sous les yeux, elle aurait une circonférence de 16 kilomètres. Le nombre des habitants s'élève, au dire des indigènes, à un million. Le Jodo-kava, qui la traverse en se divisant en plusieurs bras, n'est navigable que pour des bâtiments d'un faible tonnage.

Une ville voisine, Hiogo, sert de port maritime à Osakka : c'est là que les jonques débarquent leurs marchandises, qui sont transportées à leur destination par voie de terre ou sur de petits chalands. Les rues d'Osakka sont larges, tirées au cordeau et coupées à angle droit; les habitations des marchands y dépassent en dimensions, en luxe, en commodités, celles des autres bourgeois japonais; ceux-là ont su s'affranchir jusqu'à un certain point de la tyrannie des règlements somptuaires, dont l'observance est partout rigoureusement exigée. Osakka possède un magnifique château, résidence des anciens *chiogouns*[1], un vaste théâtre, beaucoup de temples, et, comme Yédo, une quantité innombrable de *maisons de thé* et de lieux de plaisir.

Non-seulement Osakka est la principale ville de commerce du Japon, mais on peut même la comp-

---

1. Hiéas, le fondateur de la dynastie des taïhouns ou chiogouns actuels, vint s'établir à Yédo. Plusieurs de ses prédécesseurs avaient résidé à Osakka, notamment le fils de Taïko-sama, Fidé-Jori, victime de l'ambition d'Hiéas, son tuteur, qui l'assassina.

ter parmi les grandes cités marchandes du monde. Elle a des relations fort étendues, et on assure que la plupart des marchands japonais établis à Yokohama ne sont que les agents des maisons d'Osakka. Les artisans et les artistes partagent avec ceux de Kioto le renom d'être les meilleurs et les plus habiles du pays : ils fabriquent des meubles et ustensiles en bois verni, ils sculptent l'ivoire, le bois, la pierre; ils coulent le bronze et travaillent avec beaucoup d'imagination et d'adresse l'or, l'argent et les autres métaux précieux. Ils excellent surtout à fabriquer les armes blanches et à tisser les plus riches étoffes de soie [1]. A Osakka est l'entrepôt des thés japonais, à Kioto celui des soies gréges. Toutefois il est probable qu'après l'établissement des étrangers on y fera d'importantes affaires en soie.

Hiogo, le port d'Osakka, devait également être ouvert le 1ᵉʳ janvier 1863 ; il ne le sera qu'après la franchise d'Osakka. C'est déjà une ville florissante, qui compte environ 150 000 habitants; le port peut abriter les plus grands navires, et au point de vue de nos relations commerciales il sera probablement un jour à Osakka, mais sur une plus vaste échelle,

---

1. Les plus belles porcelaines japonaises sont fabriquées dans les provinces de Fisen et d'Owari. Celles de Fisen apparaissent sur le marché de Nagasacki; celles d'Owari sont transportées à Yédo et à Osakka.

ce que Yokohama est aujourd'hui à Yédo, à savoir l'entrepôt des marchandises expédiées d'Europe et d'Amérique.

La côte orientale d'Avasi-sima, qui se développe devant Osakka et Hiogo, forme avec la côte de Nippon un triangle de 200 kilomètres de circonférence, et qui enferme un des plus beaux lacs du monde. Nous y entrâmes au moment où le soleil descendait dans la mer, embrasant les hautes montagnes qui apparaissent à l'horizon, dorant les champs et les prés, rougissant les flots, et enveloppant le paysage entier d'un glorieux manteau de pourpre et d'or. La mer était calme et l'air d'une transparence extraordinaire. Sur la côte de Nippon, j'aperçus plusieurs palais de *daïmios*, reconnaissables aux grandes murailles blanches qui les environnent. Sur la côte de l'île admirablement boisée d'Avasi-sima, je distinguai des forts bien entretenus, des villes et des villages, des temples et des fermes. Nous laissâmes derrière nous un grand nombre de jonques à la lourde mâture et de barques à la poupe effilée et bardée de lames de cuivre; leurs grandes voiles carrées étaient détendues, et à l'ombre reposaient des hommes à moitié nus, à la peau basanée, attendant la venue de la nuit pour se livrer à la pêche aux flambeaux, très-commune dans tout le Japon. Quelques-uns de ces hommes étaient négligemment occupés à raccommoder des filets, d'autres fumaient ou dormaient ; ils levaient les yeux en nous voyant passer, et plusieurs nous saluaient d'un geste ou d'une parole amicale. De temps en temps nous rencontrions de gros bateaux chargés de marchandises; de vigoureux rameurs les conduisaient en accompagnant leur travail d'un chant monotone. La paix, le bien-être, le bonheur, semblaient régner partout. Les passagers du *Saint-Louis* étaient montés sur le pont, et si imposante était la beauté de la nature qui se déroulait sous leurs yeux, que tous, même les plus bruyants, se recueillirent et devinrent graves et silencieux.

La Mer-Intérieure, la *Souvo-nada* des Japonais, située entre les 33e et 35e parallèles de latitude nord et les 131e et 136e degrés de longitude est, a 400 kilomètres de longueur; dans les endroits les plus larges, elle atteint une étendue de 100 kilomètres; dans certains passages, elle se resserre au point de ne pas présenter plus de 10 kilomètres de large. Enfermée entre les trois grandes îles du Japon, Nippon, Sikok et Kiou-siou, elle correspond avec la mer japonaise par les détroits de Kino et de Boungo à l'est et à l'ouest de Sikok, et avec la mer de Corée par le détroit de Van-Capellen, qui n'a que 5 kilomètres de long sur 3/4 de large. La Mer-Intérieure contient un grand nombre d'îles volcaniques, presque toutes habitées et bien cultivées;

les principales sont Siodo, Navo, Nanga et Yatousiro. Ces îles ne font pas obstacle à la facilité de la navigation, et par la variété des aspects elles coupent l'uniformité et empêchent l'ennui du voyage. Il semble, en passant de l'une à l'autre, qu'on pénètre dans une longue suite de lacs.

Nous traversâmes en quarante-huit heures ce charmant archipel, et le soir du 9 septembre nous nous présentâmes à l'entrée du détroit de Van-Capellen. *Le Saint-Louis* jeta l'ancre en face de la ville de Simonoseki, et attendit le moment favorable au passage du détroit, que traverse un courant très-rapide. Quelques voyageurs abordèrent à terre, d'autres se livrèrent au plaisir de la natation. Un missionnaire protestant voulut profiter de cette halte forcée pour distribuer à la hâte aux bateliers japonais, qui étaient venus à l'envi offrir leurs services, des traductions de quelques enseignements sur la religion chrétienne : l'un d'entre nous, qui savait avec quelle rigueur le gouvernement du Japon poursuit encore ceux de ses sujets qui paraissent incliner au christianisme, avertit les bateliers que ces écrits enseignaient la doctrine des chrétiens; tous, à l'instant même, s'empressèrent de les jeter à l'eau.

Simonoseki est une riche et grande ville, renommée surtout par ses maisons de thé, qui sont regardées comme les plus belles du Japon. Anciennement, les ambassadeurs hollandais s'y arrêtaient en se rendant de Nagasacki à Yédo par voie de terre ; mais, depuis la conclusion des derniers traités, elle n'a été visitée que par sir Rutherford Alcock et sa suite, lors du dernier voyage que les Européens ont fait à travers le Japon (mai 1861).

Les environs de Simonoseki sont charmants et la Mer-Intérieure forme, dans le voisinage de la ville, un lac d'environ 200 kilomètres de circonférence, qui, pour la beauté à la fois calme et grandiose, ne le cède en rien au lac d'Osakka. Cet endroit, où nous passâmes une nuit paisible, a été, depuis, le théâtre d'un conflit sanglant. Un prince japonais, irrité sans doute de la présence des flottes anglaise et française dans le golfe de Yédo[1], eut l'audace d'attaquer un bateau à vapeur américain, *le Pembroke*, qui allait de Yokohama à Shang-kaï. *Le Pembroke*, bâtiment marchand et assez mal pourvu d'armes et de munitions, ne dut son salut qu'à l'habileté de son capitaine et à la rapidité de sa marche. Peu de jours après, le 9 juillet 1863, un vaisseau de guerre français, *le Kien-chang*, qui portait la malle du Japon en Chine, subit le feu des batteries japonaises

---

1. La présence de la flotte anglaise dans le golfe de Yédo avait pour but d'appuyer les demandes du colonel Neal, chargé par le gouvernement anglais d'obtenir satisfaction d'une attaque meurtrière faite en septembre 1862 sur quatre sujets anglais, dont un avait été tué et deux autres grièvement blessés.

établies sur la côte septentrionale du détroit de Van-Capellen, dans les domaines de Mats-daïra, prince de Nangato. A la suite de ces agressions, trois navires de guerre français, américain et hollandais, *la Sémiramis, le Wyoming* et *la Méduse,* se rendirent tour à tour à Simonoseki, bombardèrent la ville et les forts, détruisirent les batteries, incendièrent un village, firent sauter le magasin de poudre, tuèrent un certain nombre d'hommes, et coulèrent la petite flotte japonaise qui stationnait dans ces parages. Ainsi procède l'œuvre de la civilisation.

Nous quittâmes Simonoseki à la pointe du jour ; le courant nous porta rapidement à l'extrémité du détroit de Van-Capellen. Les pilotes japonais qui avaient guidé le navire à travers la Mer-Intérieure nous quittèrent et nous entrâmes dans la pleine mer, renonçant au projet de nous arrêter à Nagasacki et dirigeant notre course vers Shang-haï. Une forte brise nous chassait loin du Japon ; avant le coucher du soleil, je vis disparaître les dernières montagnes de Kiou-siou, et à la tombée de la nuit, mon œil n'embrassait plus que le spectacle grandiose et désolant de l'immensité des eaux. Je dis alors adieu à ce pays, qui m'avait été hospitalier, que j'avais vu à une époque des plus intéressantes de son histoire, au commencement de la grande révolution causée par l'intrusion de l'élément étranger dans la société japonaise et que je quittai au moment où l'assassinat de M. Lennox Richardson allait lui attirer des châtiments sévères de la part de l'Angleterre et précipiter les changements politiques qui se préparaient depuis trois ans. Cette révolution n'est pas encore terminée; cependant, quel qu'en soit l'issue, « l'empire du soleil naissant » restera éternellement beau, et la vigoureuse race qu'il nourrit conservera les qualités éminentes qui font d'elle la première et la plus intéressante nation de l'extrême Orient.

FIN.

INDEX.

INTRODUCTION.   1

CHAP. I.   *Nagasacki*. — Départ de Shang-haï. — L'île
           de Quelpart. — Arrivée à Nagasacki. — Pre-
           mières impressions.— Le port de Nagasacki.
           — Le paysage. — Inassa. — Akonoura. —
           Quelques notices sur le caractère japonais. .   5

CHAP. II. *Nagasacki*. — La ville japonaise. — Les quar-
           tiers francs : Decima et Oora. — Hospitalité
           des résidants étrangers au Japon.— Absence
           de pudeur chez les Japonais. — Intérieur des
           maisons japonaises. — Le sentiment reli-
           gieux chez les Japonais. — Le *bouddhisme* et
           le *sintisme*. — Le christianisme au Japon. .   25

CHAP. III. *Nagasacki*. — Célébration de la *madzouri*
           (grande fête) de Nagasacki. — Théâtre. —
           Lutteurs. — Saltimbanques. — Le quartier
           des *djoro-jas* ou *maisons de thé*. — Ses ha-
           bitants : *o-bassan, djoro, kaméron, ghéko,
           o-doori*. — Départ de Nagasacki   43

CHAP. IV. Les établissements russes sur la côte de la
           Mandchourie. — Tsou-sima. — Port-May ou

TABLE DES MATIÈRES.

	Vladivostock. — Sa garnison. — Les *Mansas*. Olga-Bay ou Port-Michel-Seymour. — Aspect de la côte de la Mandchourie. — Passiat-Bay. — Koussounaï. — Imperatory-Bay. — Doui. — Castries-Bay. — Nikolaïefsk.	71
Chap. V.	*Yézo.* — Ses habitants. — Les Aïnos. — Leur aapect, caractère, langue, religion et origine. — Hakodadé. — La rade et la ville. — Ses habitants japonais et étrangers.	93
Chap. VI.	*Le parti du progrès et le parti réactionnaire au Japon* — Histoire rétrospective. — Hiéas, fondateur de la dynastie des taïkouns actuels. — Midzouno propose l'ouverture du Japon. — Les princes Kanga, Mito et Ikammono-Kami. — Le règne de Yesada et la régence d'Ikammono-Kami. — Le premier traité avec l'Amérique. — Perry et Townsend Harris. — Le second traité avec l'Amérique. — Conclusion des nouveaux traités avec l'Angleterre, la France, la Hollande et la Russie.	109
Chap. VII.	*Le parti du progrès et le parti réactionnaire au Japon.* — La rivalité entre le prince de Mito et le régent. — Les assassinats. — Denkouschki, Vos, Decker, Heusken. — La mort du régent et du prince de Mito. — La rivalité entre Ando et Hori. — L'assassinat de M. Heusken. — La mort de Hori. — L'attaque sur la vie d'Ando.	127
Chap. VIII.	*Le parti du progrès et le parti réactionnaire au Japon.* — Les ministres de France, d'Angleterre et des Pays-Bas quittent Yédo. — Leur rentrée dans la capitale. — Voyage de M. Alcock à travers le Japon. — Attaque sur la légation anglaise. — Les pouvoirs respectifs du mikado et du taïkoun. — Les *lois de Gongensama.* — Rivalité entre le taïkoun et le Mikado. — Situation du Japon en 1863. .	149

TABLE DES MATIÈRES. 315

Chap. IX. *Yokohama.*— Premier établissement des étrangers. — Le port et le paysage. — Divisions de la ville : la quartier franc ; le quartier japonais; *Benten* et le *Yankiro.* — Vie des résidants étrangers. — Le champ de courses. — Le cimetière. — Les domestiques : Compradsr, Kotzkoï, Betto, Momba, Scindo. — Esprit de la communauté étrangère. — La ville japonaise. — Notices sur le commerce de Yokohama. — Une fête au *Yankiro.* . . . 173

Chap. X. *Yédo.* — La route de Yokohama à Yédo. — Le *Tokaïdo.* — Kanagava. — Middle-way tea-house. — Lenox Richardson. — Kavasacki. — Le *Tsha-ja* de Kavasacki. — Le temple de Daï-si. — Mendiants. — Omori. — Un cortége de daïmio. — Sinagava.. 197

Chap. XI. *Yédo.* — Description de la ville. — Hondjo. — Siro. — Soto-siro. — Midsi. — Les quartiers au nord, sud et ouest du château. — Les légations de l'Angleterre, de la France, des États-Unis et des Pays-Bas. 223

Chap. XII. *Yédo.* — Population. — Aspect des rues. — Incendies. — Retraite des étrangers de Yédo. 245

Chap. XIII. *Les environs de Yokohama.* — Une promenade à Kanasava. — Une soirée de famille japonaise. 261

Chap. XIV. *Les environs de Yokohama.* — Kamakoura. — Le Daï-bouts. — Inosima. 281

Chap. XV. *Départ de Yokohama.* — Souvo-nada, la Mer-Intérieure. — Le détroit de Van-Diémen. — Osakka. — Hiago. — Simonoséki. 297

FIN DE L'INDEX.

Paris. — Imprimerie de Ch. Lahure, rue de Fleurus, 9.

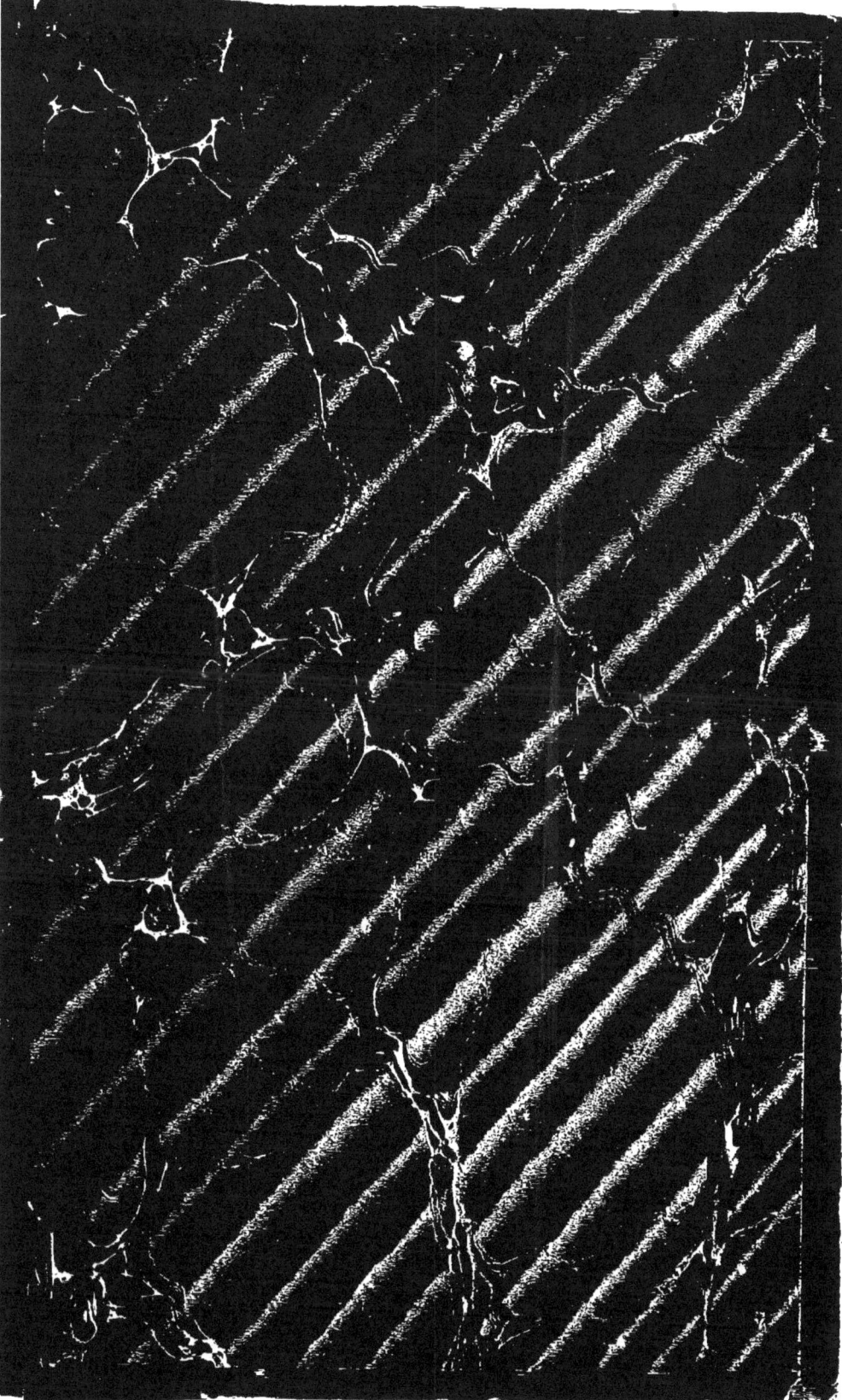

www.ingramcontent.com/pod-product-compliance
Lightning Source LLC
Chambersburg PA
CBHW070619160426
43194CB00009B/1320